ティーンズ・ボディーブック 新版

TEENS' BODY BOOK

一般社団法人
日本家族計画協会クリニック所長
北村邦夫
伊藤理佐 イラスト

中央公論新社

イラスト●伊藤理佐

装幀●中央公論新社デザイン室

●この本は、1992年に鎌倉書房より、2003年に扶桑社より刊行された『ティーンズ・ボディーブック』に加筆・修正した2013年版に、新たな情報を加え、「プロローグ」「エピローグ」「あとがき」を刷新したものです。

あなたのおっぱいや性器は何色ですか。どんな形を
していますか。いちばん最近の月経は何月何日でしたか。
トラブルはありませんでしたか。
ためらわないで答えてください。自分のからだの
大切な生命のいとなみだから。
セックスについて知りたいことは何ですか。
恥ずかしがらずに言いましょうよ。
誰もがいつか体験することだもの。
避妊や人工妊娠中絶について、正確な情報を
持ってますか。目をそらしてはダメ。
妊娠する性を持つ女性にとって、かならず必要な知識です。
STI（性感染症）やエイズのことも忘れていませんか。
怖がるだけじゃ負けてしまいます。セックスが
現実のものとなったら、誰でもかかる可能性があるんです。
たぶんみんな、まだまだ若いけど、
まだ学生かもしれないけど、
そのもっと前に、あなたは一人の女性——。
だから女性として知るべきことは、
今、きちんと、知ってください。
明日から、パートナーになる男性と一緒に生きてく、
あなたの人生。
きっと自分の力で、自分を信じて、自分のために……。

ガンバレ、女のコ！

目次

●北村邦夫先生の「クリニック」で診察を受けたい人

・日本家族計画協会／市谷クリニック
☎03-3235-2694
（要予約です）

失敗しないA・B・C

女のコが避妊の主役になろう

からだのトラブル乗り切りノート

PROLOGUE

揺れ動く思春期、君たちの世界

子どもから大人へ

「どんなに好きな彼にも、すべてをささげてはいけないのですか？　お互いに心の底から愛し合っていても……。たまに夜寝るときなどに、彼のことを考え、あーあ、彼に抱かれたらとか、彼もやっぱり女性のことを気にしているのかとか、いろいろなことを考えてしまいます。今、学生なのに、こちらの性の方へ走ったりしてはいけないのですか……」

まだあどけなさの残っている女のコの口から、こんな大胆な発言があったら、親と言わず、大人たちはみんな驚きのために腰を抜かしてしまうかもしれない。

「最近の子どもたちは、成熟のスピードが速いから……」などと自分に言い聞かせて、何とか理解者になろうと努力するのだが、どうしても一線を超えられずにもがいている大人たち。もう君たちは、大人たちには見えない世界へ飛んで行ってしまったのだろうか。

「世代の違いは埋めようがないのよ、お母さんに私の気持ちがわかるわけないでしょう」と大人の常識に疑問を抱き、批判的に物を見るようになる君。親に依存していた自分から脱出して、精神的な自立への道を歩み始めた君。性にめざめ、異性に憧れて胸をこがし、同性へのライバル心をあらわにする君。少女から大人への移行期に体験する自然な姿だ。思春期の子供たちを対象とした僕のクリニックの電話相談には年間５０００件を超える相談が寄せられている。女のコは妊娠や妊娠不安、月経の異常、男のコといえばマスターベーションはいいのか悪いのか、ペニスが大きいの小さいの、包茎手術はすべきかどうかが相談内容の中心であって、これだけでおおよそ6、7割を占めるといっても言い過ぎではない。十年一日のごとくといえばちょっと大げさかもしれないが、テレビや雑誌がこれみよがしに性情報をたれ流している割には、悩みの解決が図られていないのだ。結局は、君たちの本当に知りたい情報がないか、あったとしても適切なものではないために、混乱するだけって感じなのだろうか。

　でも、どんなに抵抗しようと、大声を張り上げようと、突っ張ってみても、君は僕たちと同じ地球人。これだけは変えようがない。だから時々は、苦々しく思う大人の叫びにも、ちょっと耳を傾けてほしい。

新型コロナウイルス感染症と「性」

　２０２０年以降、新型コロナウイルス感染症に世界中が振り回されている。いつ収束するのか、それとも、このウイルスとの共存の道を歩むのか。とにかく安心して暮らせる日常が戻ることを願わずにはおれない。

　国民全体が「ステイホーム」「三密を避ける」を合言葉に頑張っている最中だが、密の最たるものが「性」。この状況ならではの相談には、このように答えている。

Q．「ステイホーム」で一人になれる時間がなくなり、安心してマスターベーション（自慰）もできない。

A．トイレだって、お風呂場だって、ひとりだけの時間と空間を作ることは可能なはず。創意工夫を凝らして楽しいマスターベーション・ライフを実現しよう！

Q．キスやスキンシップは危険ですか？

A．今付き合っている特定の相手とであれば、止める理由はない。もちろん、どちらかが感染・感染した疑いがあれば、完治するまで濃厚接触は避けて。でも、新しい相手とのキスやセックスは、今はやめておいた方が得策だと思う。

Q．ピルを飲んでいますが、コロナウイルスに感染すると血栓症になりやすいと聞き、心配しています。

A．国際機関は避妊目的で服用しているピルを捨てるなと警告している。ピル服用に伴って起こる静脈血栓塞栓症の発症頻度は、妊娠中、産後に比べてはるかに低い。ピルの服用を止める根拠は乏しいと言わざるを得ない。

ピルの有効利用を

　２０２０年は、コロナがなければ東京五輪が開催されるはずだった。女性アスリートの抱えるトラブルに「エ

ネルギー不足」「無月経」「骨粗鬆症」があり、これを女性アスリートの三主徴（FAT）という。過度のトレーニングや食事制限で、消費エネルギーが摂取エネルギーを上回るとエネルギー不足となり、体重や体脂肪が減少。無月経を引き起こし、骨粗鬆症の誘因となる。

無月経、骨粗鬆症は、いずれも女性ホルモン、中でもエストロゲン（卵胞《らんぽう》ホルモン）不足が原因であることが多いため、外来では女性アスリートに対して避妊薬としてのピルだけでなく、治療薬でもある低用量エストロゲン・プロゲスチン配合薬の使用を積極的に勧める。このような女性ホルモン剤を上手に服用することによって、女性ホルモンの不足を補う、月経血量を減らす、月経痛の緩和や月経を適宜移動させられるなど、アスリートにとっては、またとないメリットがあるからだ。

にもかかわらず、国立スポーツ科学センター（JISS）の調査では継続的に使用している日本選手はわずか2％。一方欧米のトップアスリートは83％が使用している。わが国では、女性ホルモン剤に対しネガティブなイメージが強いだけでなく、ドーピング違反を恐れて薬全般を控える傾向にあることも影響していると思われる。しかしピルも低用量エストロゲン・プロゲスチン配合薬は、ドーピング薬ではない。

実は、2012年ロンドンオリンピックにおいて『なでしこジャパン』で銀メダルを獲得したサッカー選手・澤穂希《さわほまれ》さんは、30歳から7年間ほどピルを服用していた。現役を引退したのが37歳。妊娠を希望したこともあって、ピルの服用を中止。その後初めての排卵で妊娠したことを、2017年に大阪で開催された日本女性医学学会で堂々と発表していた。

競技でのパフォーマンス向上、引退後の健康のためにも、女性ホルモン剤の有効利用を促したいものだ。

妊娠におびえる女のコ

18歳、高校3年生。25歳の社会人と付き合い始めて3カ月。そんな女のコから開口一番の言葉。

「31日目までは待てるんです。でもその日を一日でも過ぎると、もう居ても立ってもいられないのです」

居ても立ってもいられなくなると、決まって薬局に走るのだという。妊娠判定薬でのチェックが毎月のお勤めになっていた。しかしマイナスに出たとしても、心は休まらない。月経は排卵の結果であり、排卵は遅れることがあるという常識はないわけではないが、「もしかして、検査方法に問題が？　検査薬が古いのでは？」と悩んでしまう。

彼はコンドームをきちんと使える男性だったという。彼女が高校生だという立場を十分理解して、「君を困らせるようなことはしない」と声を掛けてくれるのだけれど、月経予定日のころになると、彼女の心は一度たりとも晴れたことはない。

「君はさ、本当にセックスしたいのか」という僕からの厳しい問いに、彼女はうつむきながら首を横に振った。

「これまで一度もセックスしたいと思ったことはない。まだ高校生だし、妊娠なんかしたら親に合わせる顔がないし……」と。それでも彼女は、彼の求めを受け入れ続けている。「そうしていなかったら、彼が自分から離れて行ってしまうのではないかと心配で……」

少女から大人への変身を遂げようと、今躍起になっている君に、決してはまって欲しくない落とし穴がある。望まない妊娠とＳＴＩ（性感染症）だ。

私の話をまじめに聞いてくれる人

性風俗は、今や決して男だけのものではなくなってきている。出会い系サイトや、ＳＮＳなどが、女のコたちにとって格好の遊びの対象となっているようだ。出会い系サイトで待ち続ける男など、下心があるからか、応対の巧みさは、なまはんかではない。女のコの話にじっくりと耳を傾け、受容する大人のイメージを植え付けている。あわよくば若い性を自分のものにできるかもしれない期待感もあって、言葉巧みに誘いかけてくるのだ。そもそも出会い系サイトは自由恋愛の場であることを謳い文句にスタートした風俗であり、手持ち無沙汰の女のコと異性との接触を切望する男性とがうまくかかわり合えるチャンスを提供している。

高校2年生の女のコの場合もそうだった。誘われるままにホテルへ直行。雰囲気に流されてのセックス。それから数日後、激しい外陰部のかゆみが彼女を襲った。おりものの量も尋常ではなかった。受診。カンジダ外陰炎、膣炎《ちつえん》の診断を受けた。外陰部は真っ赤に焼きただれ、チーズ状のおりものが確認された。不特定多数の異性との関係を求める出会い系サイトは、間違いなくＳＴＩ（性感染症）の巣だ。不特定な人とのセックスにコンドームの使用を気遣う男性はいない。妊娠なんてどこ吹く風とばかり、手当たり次第にセックスの相手を広げていくのだ。

そうなって心もからだもボロボロになったはずの女のコに、僕が父親の一面を見せた時だった。

「これからは出会い系サイトなんていう、馬鹿な真似は一切やめろ」

彼女は首を縦に振らなかっただけでなく、こう言い放った。

「出会い系サイトは止められない。だって、私の話をまじめに受け止めてくれる大人はここにしか、いないんだから……」

彼女には両親も、兄弟も、学校の友達も、先生もいるのだ。

「私なんてさ、偏差値が低いものだから、ちょっと髪の毛を染めたくらいで、先生からひどく叱られるんです。でも、偏差値の高いコが、ピアスを付けていようが、授業中騒いでいようが、見て見ぬ振りをするんだ」と。

だからといって、不特定多数の異性とのセックスを期待しているこのような男性に走ることはないのじゃないか。君の喜びや辛さを分かちあえる友人探しにもっと精力を傾けて欲しい。先生だって親だって捨てたものではない。「私のことなんかきっとわかってもらえない」というように、先入観で大人に向かうのではなく、むしろ従来の常識を覆《くつがえ》すくらいの勢いでもって、自分が飛び込んでいく勇気をもてたら、事態は大きく変わるかもしれない。

人を変えようと考えるよりも、自分が変わろう。人にして欲しいと思うことを、自分もその通りにしよう。そしたら、きっと君の本当の意味での理解者とのめぐり合いがあるに違いない。

若者とがん

２０２０年に予定されていた東京五輪を目前に、白血病と診断され、闘病の末復帰を果たした競泳の池江璃花子選手。「必ず戻ってきます」という前向きな姿に胸が熱くなった者の一人だ。

日本人の2人に1人は一生のうちに何らかのがんにかかるとされ、3人に1人ががんで死ぬ時代になっている。国立がん研究センターによる２０２０年がん罹患《りかん》数予測によれば、男性は前立腺、胃、大腸、女性は乳房、大腸、肺が上位を占めている。現在、注目されているのがAYA世代のがん。AYAとはadolescent and young adult（思春期と若年成人）の略語で15〜39歳を指す。1年間にがんと診断される数は小児（0〜14歳）では約２１００例だが、15〜19歳で約９００例、20代で約４２００例、30歳代で約1万６３００例と推計されている。

AYA世代が罹患するがんの上位を並べてみると、15〜19歳は①白血病②胚細胞腫瘍《はいさいぼうしゅよう》（精巣や卵巣と脳などに発生しやすいがん）③リンパ腫、20〜29歳は①胚細胞腫瘍②甲状腺がん③白血病、30〜39歳は①女性乳がん②子宮頸《けい》がん③胚細胞腫瘍で、日本人全体のがんの発生部位とは異なる。AYA世代ががんと診断されたときには、ほかの世代以上に学校や就職、友人関係、経済的な問題など将来への不安を抱えることが多いといわれている。

妊娠・出産に与える影響も深刻だ。妊娠する能力を妊孕性《にんようせい》という。治療として卵巣や精巣を摘出しなければならないケースや、抗がん剤による治療や放射線療法を余儀なくされることがある。いずれも妊孕性を低下させる可能性が高くなることは言うまでもない。AYA世代の女性が進行した子宮頸がんによって子宮を全部摘出すれば、自身による妊娠・出産がかなわなくなるのだ。

そのため、患者やその親との十分な話し合いを行い、がん治療を進める前に精子や卵子・卵巣組織、受精卵の凍結、卵巣の位置移動などを検討する。しかし、結婚するか妊娠・出産するか全く将来を描けない思春期などでは、告知からわずかな時間で自己決定することは簡単ではない。

「AYA世代のがんとくらしサポート」(https://plaza.umin.ac.jp/~aya-support/）も参考になるのでご覧いただきたい。

死と向き合ってみよう

レジリエンスという言葉が注目されている。この言葉を僕が初めて耳にしたのは、２０１１年に発生した東日本大震災の時だった。地震や福島第一原発事故によって甚大な災害に見舞われてもなお、暴動などが起きることなく、復興に前向きに取り組んでいる日本に対して、世界からレジリエンスが高い国だと評価されたことがあった。このように、レジリエンスとは、災害などで受ける力や影響に対する強靭《きょうじん》さや回復力、「折れない心」を意味する言葉となる。

実は、このレジリエンス、京都大学大学院の藤井聡教授によれば、成人への過渡期である思春期に涵養《かんよう》されるべき最も重要な資質だというのだ。成人になるということは、家庭や社会の庇護《ひご》がない中で、つまり、さまざまな危機に直面し続ける環境の中で生きていくことになる。そうした危機に対する対処能力、すなわち「折れない心」をもっていることが思春期の君たちには求められている。

藤井教授の話の中で、とても興味深かったのは、死に対する想像力が、「折れない心」を育《はぐ》むというメッセージだ。生きていれば、何かと危機に遭遇し、時には、ごく当たり前に過ぎていた日常が、何かの加減でもろくも崩れることがあるだろう。しかし、それは不思議なことではなく、十分に起こり得ることなのだと受け止められれば、想定外のできごとに対し、うろたえることがなくなる。むしろ、逆に、何気なく過ぎている日常に感謝する力すら身に付けることになる。

「死」は、僕たちにとっては最大の危機であるわけだから、死に対する想像力こそが最も重要だ。現代の思春期の子ども達の心が「折れやすく」なっているとよく言われるが、その理由は、現代社会において、君たちが「死」に触れる機会が、以前に比べて少なくなっていることだろう。「折れない心」を作るためには、「死」を遠ざけようとするのではなく、「死」は身近で当たり前のものだと知ることが大切なのだ。

その一方で、死を含めてショックを被《こうむ》った心の回復には「希望」が必要だ。「生きていてもどうせダメだ」では、明日を生きる力を発揮できないからだ。

死と希望——。

「折れない心を育む」を考えるきっかけにしたいものだ。

カナコさんの
これも…愛♡
作・伊藤理佐
そっくりな女のコが日本に5人はいるんじゃないかと思うごくフツーの18歳それが私
……私たちまだだもん
えー
まだシテないの?
シン
こっ声おっ大きい大きい!!
ツヨシくんえらーいホントにカナコのこと好きだからガマンしてんだよ
もう一年も付き合ってんでしょー
あはは
うう〜ん
ふふでもね
え
シテないのとシタのとじゃぜんぜんちがうよー
え
シテナイ時の方がケンカとか多かったしシタあとはよりわかりあえたってカンジ
う….
そういえばツヨシとは最近ケンカばっかり

それもスルだのシナイだのそればっかり
やだ
もみっ
もーいいだろ?
なんでAがよくてCがダメなんだよっ
彼ね、社会人でちゃんとヒニンしてくれるしやさしいのー
へへえ
それに自分の体だもん使ってどこがワルイ?ってカンジー
人間っておもくてあったかいのよー
わわわわわ
ハ・ヤ・クねー イイわよー
あはは
エミが大人にみえました
それにくらべて
今日夕飯何食べた――?
……
……なによ もっと、こう大人っぽい話できないのー?
あ できる できる
よしデンワでHしよう!!
ニンシンしないぞテレホンセックス!!
きゃきゃっ
……ほう

シ・タ・ら こういうのも 理解できるの かしら？
切った
そんなある日のこと――
え
にっ 妊娠？
バカッ
シーッ
ブッ
……こないの アレ
だっだって ヒニンして くれてたんでしょ？
つけない日とか あったみたいで 私もイチイチ 確かめないし…
そ そんな
……ちゃんと 彼は知ってるの？
…… うん

でもなんか今、仕事がいそがしいらしくて
そ、そんな
それはいいの ただカナコに病院だけいっしょに行ってほしくて…
……
次の金曜日
いつもより大人っぽい格好で
でかけました
産婦人科
…………
………………
初診の方へ
バタ
バタ
きゃー
これっ
……中絶しかないのかナ
まだ妊娠ってきまったワケじゃないでしょ
でもね こういう時となりにいたのが彼じゃなくて男じゃなくて女の友達だったコト忘れないよ
ひっく
……エミ

エミは
妊娠して
いました
昨日何
食べた?
……
コロッケ
…………
…………
元気
ないね
ぶにっ
あたた
ぶたれた
……あのね
友達がね
妊娠して
中絶するコトに
なったの
……
……え?
…………
私と
同い年
でもね
――

私、ただ「赤ちゃんがかわいそう」とか「女の子がかわいそう」とか思えないの
妊娠する可能性があるからってシタクナイとも思わない
――シタイ
すこしうれしそう
……今すぐってワケじゃないわよ
―だからお願いムードないかもしれないけどちゃんと考えて
あー、「考えて」じゃないだろ「考えよう」だろ?
あ
いつもたよりないツヨシが
その日は大きく見えました
あタコヤキ食べる?

自分のからだを好きになろう

MY BODY

君のからだ、君の路線で生きるんだ

「一重瞼が嫌だったんです」

「一重瞼が嫌だったんです」と泣きつかれた時には困ってしまった。女のコのファッション雑誌なんかに出てくるモデルさんというのは、二重瞼が多いからとこだわるのだ。高校3年生のそのコは、卒業の記念に二重瞼の手術をしたいと、父親に頼み込んで、美容形成外科医を訪れたのだ。手術後の顔を見るのを楽しみにしていた彼女だったが、鏡に向かって愕然。「ウッソ！　こんな顔信じられない」。慌てた彼女は、二度目の手術を受けることになった。でも、二度の手術で瞼はゴワゴワし、あきらかに手術をしたことがわかってしまう状態だった。そのためか、手術前には活発だった彼女は、内向的になり、人と面と向かって話すことすらできなくなってしまったという。

Aカップのブラジャーをきちんとつけたい

21歳の女性が母親同伴でやって来た。

「先生、私が妊娠中に病気をして薬を飲んでしまったのがいけなかったのでしょうか」

最初のうちは意味不明の言葉も、やがて「娘のおっぱいが小さいのは、母親の責任なのでは」と訴えていることがわかった。悲愴な顔をしている母親に向かって、非情にも「お母さんの胸も小さめですね」と声を掛けていた。「薬を飲むなりして、おっぱいを大きくする方法はありませんか」と執拗に求める言葉を遮《さえぎ》りながら、「小さい胸に、何か支障があるの?」と尋ねた時だ。女のコ(とはいっても既に20歳を超えている)がぽつりと、「Aカップのブラジャーをきちんとつけたい」と言う。

実はAとBとCの区別もつかない僕にとっては、何と説明していいものやら困っていたが、こんな時は、診察に限るとばかり、「胸を開けて」と促した。

男のコたちがペニスの大きさにこだわるように、女のコの乳房へのこだわりは尋常ではない。でかいことは本当にいいことなのか(でかいために悩んでいる女のコも少なくないが)、その理由は? 何のために? でかいことが女のコの魅力の象徴とでも思っているのか?

僕たちが乳房の診察をする際に診るのは、乳頭の大きさと形、乳輪(円状の黒褐色の部分)と乳腺の大きさ比較、乳輪と乳房のラインがどうなっているかだ。成人型の乳房かどうかは、ブラジャーのタイプや乳房の張り具合で決めるものではない。乳腺が乳輪を超えて発達していること、乳腺と乳房の連続する線に段差がなくなっていること。これだけ。もちろん、僕の目の前の女のコも立派な成人型だった。「心配ないよ、異常なし」と宣言したが、「そうはいっても何かいい方法が……」と迫ってきた。

「高い金を払って豊胸手術でもするかい?」

「薬を飲んでというのはできないのですか?」

「僕には経験がないよ。ブラジャーの中にパット入れるとか、妊娠するとか。乳房の大きさのピークは、出産直前っていうのだから……」

「でも、そんな相手いないし……」

結局、最後まで母娘を納得させることはできなかった。

「私のアソコ、グチャグチャなんです」

高校3年生だった。診察室に入るなり、涙声でしゃくりあげていた。「泣いていたってわからないよ、どうしたの」という僕の声に答えたのが冒頭の言葉。性器の名称をきちんと語れないのは情けないが(だって、男のコだったら、ペニス、おちんちん、チンポコ、キンタマ、息子などと愛称のオンパレードなんだから。君はどう表現できる?)、「どういう形であったら、納得できるの」という問いに、彼女は小学校6年生の時の修学旅行先の

風呂場で見たという友人の性器を描き始めた。真正面から見たという、その図には、綺麗なワレメちゃんが描かれていた。「今の君の状態は？」に、「ここがグチャグチャ」と深刻な表情をするのだ。脳味噌の皺みたいな形と色をしていて気持ち悪いとも言い切った。

そうはいっても、彼女を誉めてあげたいことがひとつある。それは、自分の性器を鏡を使って観察したという勇気。これを勇気というほど、日本の女のコたちにはできないことらしい。男のコは性器の愛称をたくさんもっているように、日頃トイレで、マスターベーションの時に慣れ親しんでいる性器も、女のコにとっては特別なものらしい。彼女が初めて自分の性器を鏡を使って覗《のぞ》き見したのが高校1年生の時。その時のショックが、3年間も尾を引いているのだ。

アメリカの学校ではGSE(Genital Self Examination・性器自己検診法）教育が盛んだという。エイズを含めたSTI（性感染症）が流行しているが、STIの早期発見にはこのGSEがきわめて有効なのだ。STIを引き受けた時に、自分の性器の異常に早く気づき、治療に向かえるかどうかが鍵だ。そのためにも、STIとは無関係な生活をしている今、自分の性器の色、形、おりものの状態を知る必要があるのだ。

診察の結果、異常ではなかった。二次性徴の変化でしかなかった。脳味噌の皺のように見えたのは小陰唇《しょういんしん》であって、陰毛も生えているために、多少複雑な顔をした器官だと見えたのだろう。それにしても、二次性徴に伴う生理的な変化を、数年にもわたって、「異常だ」と不安に駆られていた女のコのことを誰に責めることができようか。学校での指導が、もっと積極的に行われていればと悔やまれて仕方なかった。あらためて言いたい。多少ともグロテスクに見える君の性器ではあるかもしれないが、性器は君のからだの一部だ。性器を含めて自分だってことを忘れないように。

自分のありのままを好きになろう

「せっかちで」「愚図で」と自分の性格を嫌うコがいるが、ちょっと待てよと言いたい。「そういう性格、いつ頃からのもの？」

きっと「幼稚園生の時もそうだった」というような回答が返ってくるのではないだろうか。そんなコには、「直そうなんて悩まないで、その路線で生きちゃいなさい」と突っぱねることにしている。

ちょっとクドイ話になるけれど耳を傾けて欲しい。目の前の紙に正方形を描くこと。これが自分自身だ。4つの角が、気になる欠点。どうしたい？　直したい？　直すことは簡単。角を取ってしまえばOK。正方形に内接する円を描いてみよう。思い通りになったかい、君の性格。じっくりと見てご覧、円の大きさ。小さくなったことがわかるだろう。欠点を取り除くという目的を達成したものの、人間としてのスケールが小さくなってしまうのだ。一辺が10センチの正方形の面積は100平方センチ、内接円の面積は半径5センチで約78平方センチ、差し引き22％近くの減少。
　今度は「自分の欠点を含めて自分」だという目でみつめ直してみるのだ。正方形に外接する円を描くのだ。見てご覧、大きくなった自分のスケール。外接円の面積を求めるのは少しばかり難しいけれど、半径が平方根50の円ということになる。その結果、面積は約157平方センチ。外接円の面積は内接円の2倍。こうやって、自分の性格を再検討。意外な事実に気づくはずだ。せっかちな自分の欠点、見方を変えれば決断力があるから、次から次へと行動に移せるという長所なのかもしれない。愚図もそう、思慮深さと裏腹。じっくり考え込むタイプと思えたら、自分の性格が楽しくならないか？　ちょっとこじつけが過ぎるかな？

　二重瞼も、足の長さも、顔形も、みんな親の素質を受け継いだもので、自分では選択することができなかったものだ。ただ、このような先天的な持ち物に不平不満をぶつけたところで、問題の解決にはならないことを知るべきだ。二重瞼だとか、おっぱいがでかいとかは確かに君のチャームポイントの一つに数えられるかもしれないが、だからといって、その人の魅力のすべてを代表するものとはいえない。人間の魅力はからだの内、外両面から醸《かも》し出されるものであり、気負うことなく自分のありのままの姿を、自然に表現できた時に感じとれるものなのだから。

ヒトエマブタも まあるいホッペも
けっこー
カワイイじゃん
カガミ

女のコのからだレッスン

女のコのからだは、思春期を迎えると、オトナになるためのたくさんのサインを出します。様々な女性ホルモンと少しの男性ホルモン（男らしいからだを作るのに役立つホルモンですが、女性のからだでも分泌されています）が絶妙のバランスで働き始めるからです。

最初のサインはおっぱいのカワイイふくらみ。およそ10歳前後のことです。この時から約10年かけて女性として成長していきます。将来迎える妊娠・出産はとても大変な仕事なので、その準備には長い時間が必要なのです。

おっぱいがふくらむと共に、からだ全体にも皮下脂肪《ひかしぼう》がついて、まあるくなります。これが妊娠・出産に備えるパワーのもと。今カリカリにやせてたら、20代、30代の女ざかりが乗り切れません。そして脇の下や下腹部に性毛が生え始め、手脚、顔のウブ毛も濃くなります。皮脂腺《ひしせん》や汗腺《かんせん》の新陳代謝も活発になるので、体臭が気になるコもいるでしょう。でも、命が育つ時には、命の匂いがするものです。あなたのからだが日夜、ガンバっている証しです。

LESSON 1

おっぱい……大きくても小さくても中身はいっしょ

乳首《ちくび》（乳頭《にゅうとう》・乳輪《にゅうりん》）がプクンとふくらみ、色づいて、乳房《にゅうぼう》全体がふっくらしてきます。内側では乳腺《にゅうせん》が発達を始め、乳腺を守るために皮下脂肪がつきます。どれも、赤ちゃんに母乳をあげるための準備です。

でも、おっぱいが大きいから母乳がいっぱい出るかというと、別に関係なくて、それはいろいろ。いずれ赤ちゃんと相談して考えればいいことです。だから今、大きさ、形、あれこれに注文をつけるのは無意味です。左右で大きさが違ったってかまいません。おっぱいはブラジャーを乗っけるお飾りではないのです。

おっぱいを タテに割ったら

乳腺《にゅうせん》

母乳《ぼにゅう》を作るところ。ちょうどブドウのふさのような恰好をしてて、おっぱい一つにつき、7〜8個入ってる。母親の食べた物によって、母乳の味も変わるんだそうだ。赤ちゃんを産んだら試飲してみよう。

乳管《にゅうかん》

乳腺でできた母乳の通り道で、乳頭につながってる。つまり乳頭には7〜8個の穴があるワケで、母乳は四方八方に飛ぶ、飛び散る、というカンジで出て来る。

乳頭《にゅうとう》

母乳を飲むために赤ちゃんが吸いつくところ。赤ちゃんが吸いつくほど、乳腺ははりきって母乳を作る。赤ちゃんも吸いつきながら栄養をとり、同時にアゴの骨や筋肉を鍛えている。人間は哺乳類だぜ。

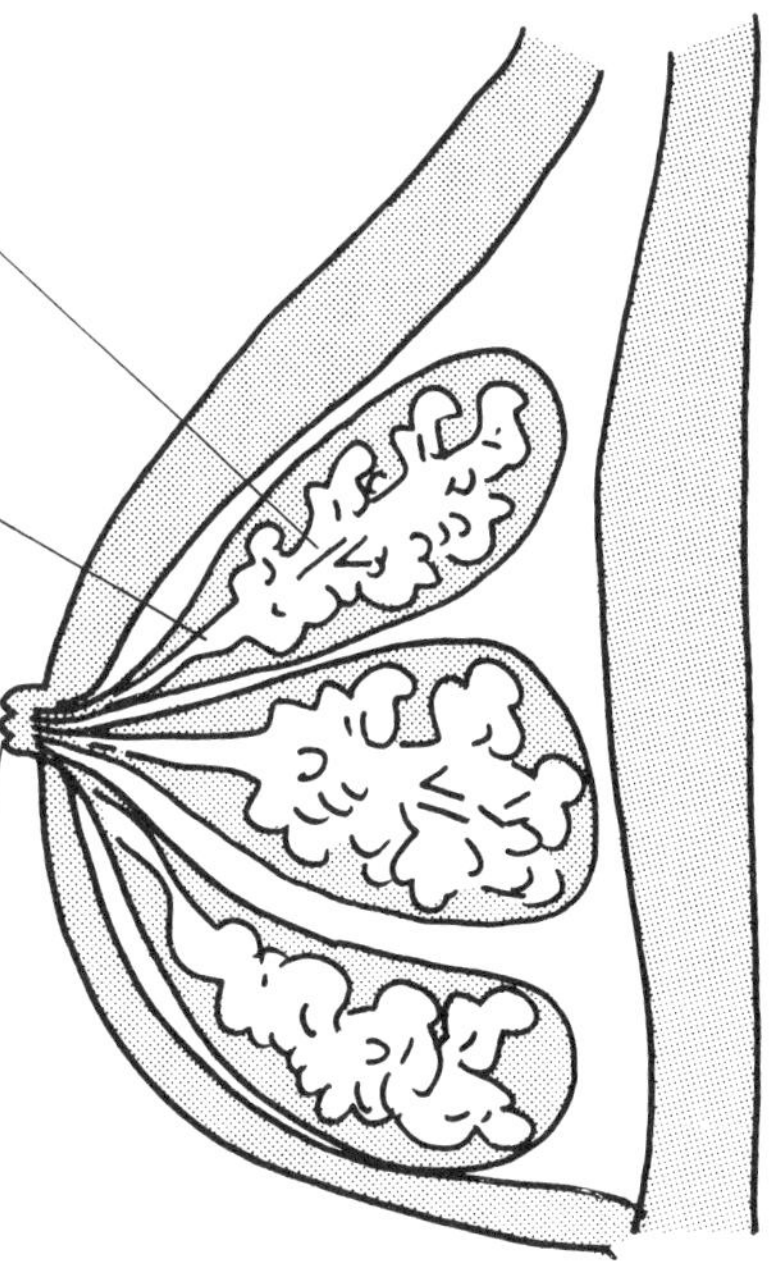

乳頭バージョン4タイプ

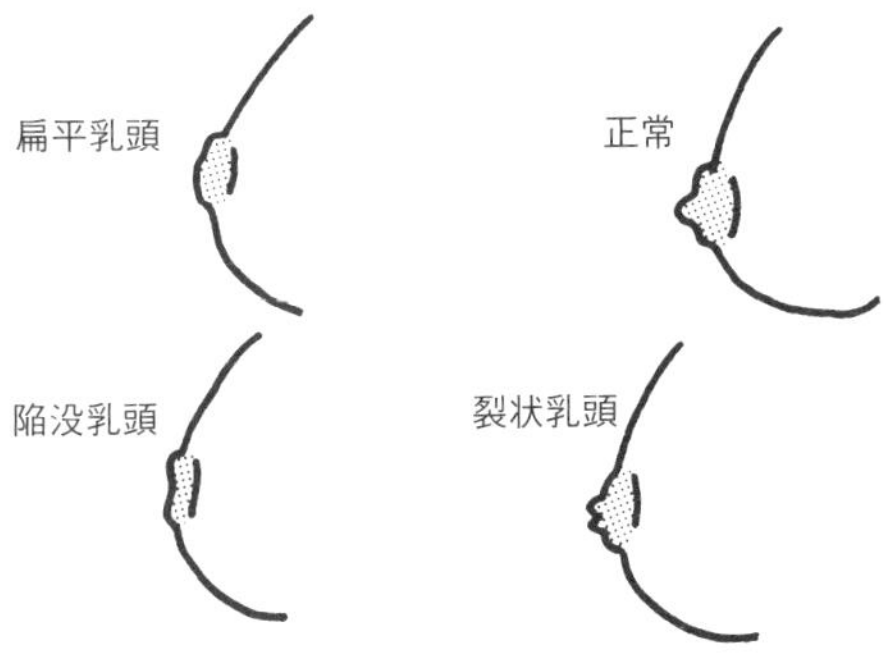

おっぱいそのものもだけど、特に乳頭の色、形、大きさのバラエティーはすごい。顔よりずっと個性的だ。ぺたんこだったり、ぼこんとへこんでたり、亀裂でだんだんがあったりする人もいる。この場合は母乳があげにくいから、妊娠したら医師に相談しておこう。

でも、おっぱいの所有権はあくまであなた自身にある。男のコに発言する権利はない。

LESSON 2

外性器……鏡に映して見てみよう

外性器《がいせいき》が発達するのも思春期の大切な特徴です。ヘアが生えるころから、恥丘《ちきゅう》も大陰《だいいん》唇《しん》も皮下脂肪がついて、ふっくらと丸くなります。そっと開けてみると、内側は口の中と同じデリケートな粘膜で、色はたいがいレッド系。包皮《ほうひ》に包まれたクリトリスも、ひだひだの小陰唇《しょういんしん》も、ぐんと色が濃くなりボリュームがでてきます。

鏡に映してみると結構な迫力で、初めて見るコは焦るかもしれません。でも、ここがサクラの花びらみたいにヤワだったら、赤ちゃんを産んだ時にこわれます。女性の性器は逞《たくま》しく、豊かなものなのです。

お風呂に入ったら優しく洗ってあげてください。お風呂上がりには必ず鏡に映して、仲良しになってください。あなたの髪や素肌と同じように大切で、かけがえのないからだの一部。そして髪や素肌より、あなたの健康状態について、ずっと多くのことを教えてくれます。日陰ものにしておくなんて、カワイソウすぎると思いませんか？

え
私のもこーなの？

大陰唇《だいいんしん》

恥丘の下の、左右に分かれた部分で、やっぱりヘアが生えている。外性器を保護するため皮下脂肪がたっぷり。内側は粘膜組織で、デリケート。

尿道口《にょうどうこう》

オシッコの出口

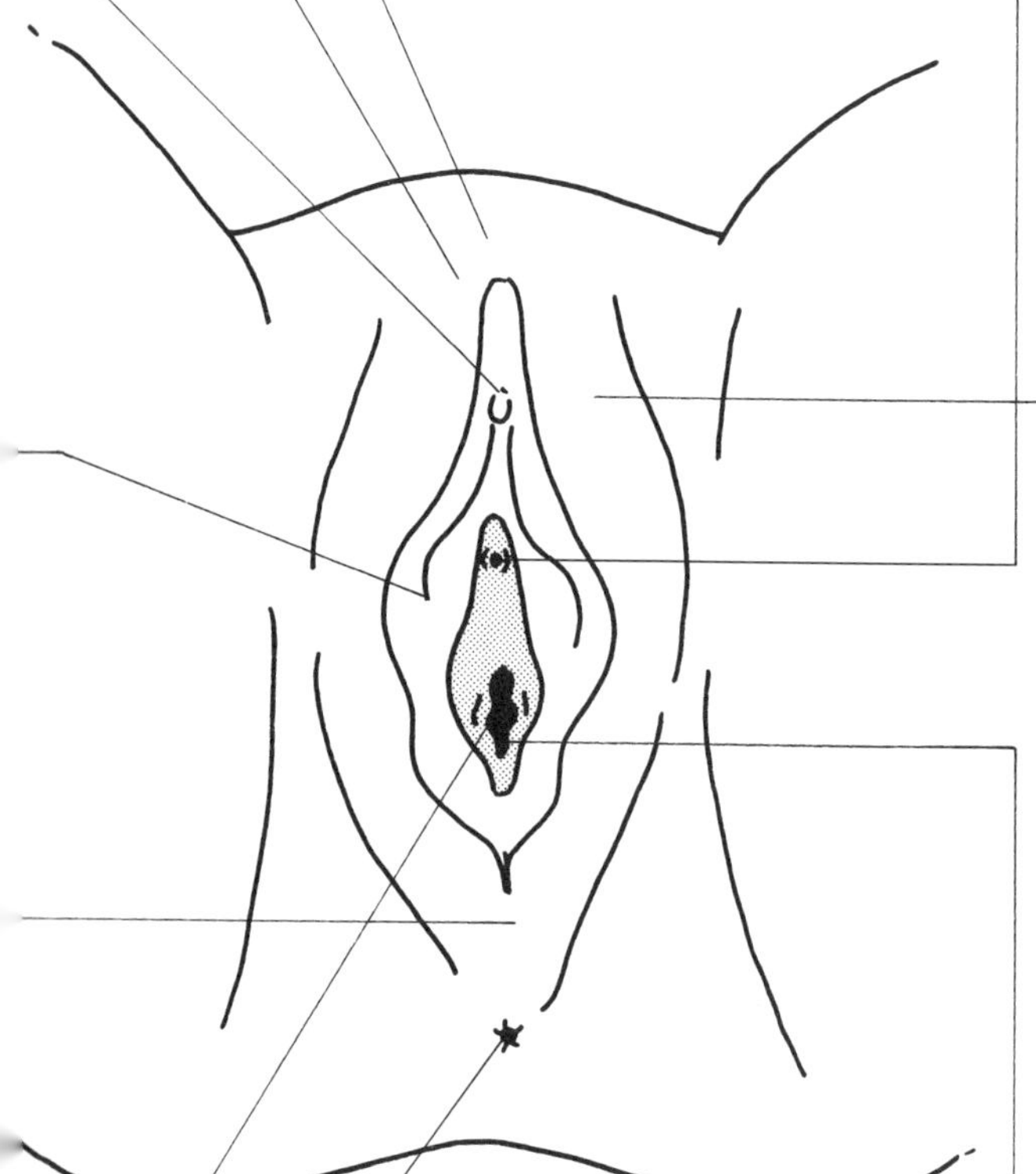

処女膜《しょじょまく》

膣口を覆うひらひら。小さめの穴があいている。さもなきゃ経血は出られないし、タンポンも入らない。激しいスポーツやセックスで破れて、出血したりしなかったりするけど、それは処女膜の勝手というもの。いちいちありがたがるような男は、海の底に沈んでおしまい。

びっくり!!
研究しなくっちゃ

恥丘《ちきゅう》

おなかの下のアンダーヘアの生えてるあたり。ふっくらしてるから丘。恥ずかしくないけど恥丘。

陰毛《いんもう》

恥丘に生えてるウエービィヘア。人工芝とは違うから、ほよほよからわさわさまで、量も分布も人と同じってことはない。髪の毛より早く生え替わるので、枝毛、切れ毛はめったになく、トリートメントはいらないと思う。

クリトリス

医学書に「陰核《いんかく》ともいう。陰茎海綿体《いんけいかいめんたい》で構成され、性的興奮に伴い勃起《ぼっき》する」と書いてあった。なんかすごい。包皮に大事に包まれてて、確かに思いっきりデリケート。男のコのペニスに当たる部分で、ペニス同様、色も大きさも人によって随分違う。

小陰唇《しょういんしん》

大陰唇の内側の２枚のひだひだ。色が黒い、茶色い。しわしわ、よれよれ、でれでれ長い、でぶ、左右がばらばら……と、自分のからだなのにやたら文句を言われるカワイソウなところ。でも、誰だってこんなものだぜ。口の中だって、どアップで見れば結構キツいぜ。

会陰《えいん》

大、小陰唇がくっつくあたりから、肛門の間の部分。名前を付けるほどの意味があるの？　と思うが実はあるんで、赤ちゃんを産む時に、柔らかーく伸びて、産道《さんどう》（膣）が傷つくのを守ってくれる。女のコのからだに無駄はない。

膣口《ちつこう》

膣の出入り口

肛門《こうもん》

ウンコの出口。見てのとおり膣口や尿道口とかなり近いから、この周辺の大腸菌が入らないよう、トイレでは「前から後ろ」に拭くのが女の常識。

女のコとマスターベーション

マスターベーションが男のコの必修科目なら、女のコには選択科目といえます。絶対にやれ、とはいいませんが、やって損はありません。自分のからだと仲良しになるための、とてもよい方法です。月経の手当をしたり、性器やおりものの元気具合を確かめたりが、自分の〝性〟を理解するのに役立つように、自分の〝性〟を知る手掛かりになります。

性欲があるのは、女性にとってもしごく健康な証拠です。当然その気持ちを、からだの上に確かめたくなります。その時は、素直に受け止める。受け止めていい。

マスターベーションをすると、すごくリラックスできるし、性的に昂《たかぶ》った気持ちもコントロールできるし、空想の世界を持つことは、ストレスの解消にだって◎。若い女のコだけでなく、もっと年上の、パートナーのいる女性でも、時々はこんな一人の時を過ごしています。

それに、マスターベーションをとおして、自分の心やからだの好みを知っておけば、将来セックスの場で、それをパートナーに上手に伝えることができます。相手のことも理解しやすいでしょう。

マスターベーションがからだに悪いというのは、すごく古い迷信です。性器の色や形が変わるとか、成績が下がるとか、人相が悪くなるとか、もちろんみんな大嘘です。回数もどうぞ、あなたのご自由に。

自分のセクシュアリティは自分で大事に育んでいくものです。自分の性と親しむことをためらわないでください。

内性器……女性ってエライ

おなかの中に大事にしまわれているのが、内性器《ないせいき》。膣《ちつ》、子宮《しきゅう》、卵管《らんかん》、卵巣《らんそう》です。まさに発展途上で、目で見ることはできないけど、名前だけはちゃんと覚えてあげましょう。

膣《ちつ》・膣は内性器の入り口。指をそっと入れて、その暖かさと、ひだになってる柔らかい感触を自分で確かめてください。ここから経血《けいけつ》やおりものが出てきます。手当のためにタンポンを入れることがあります。セックスの時には男のコのペニスを迎え入れます。そして出産の時は赤ちゃんの通る産道《さんどう》になります。

子宮《しきゅう》・子宮はその名のとおり、妊娠して、赤ちゃんの育つお部屋。洋ナシみたいな形で骨盤の中に大切に守られています。

卵管《らんかん》・子宮から左右に伸びていて、卵巣から飛び出した卵子を迎え入れます。卵子と精子のツーショット♡受精《じゅせい》の場所でもあります。

卵巣《らんそう》・最も神秘的です。一見ウズラの卵風。左右に2つあって、思春期からセッセと女性ホルモンを分泌し、女らしいからだ作りにはげみます。いわば女の元締めです。また、卵子のモト＝原始卵胞《げんしらんぼう》がヤマほどつまってて、

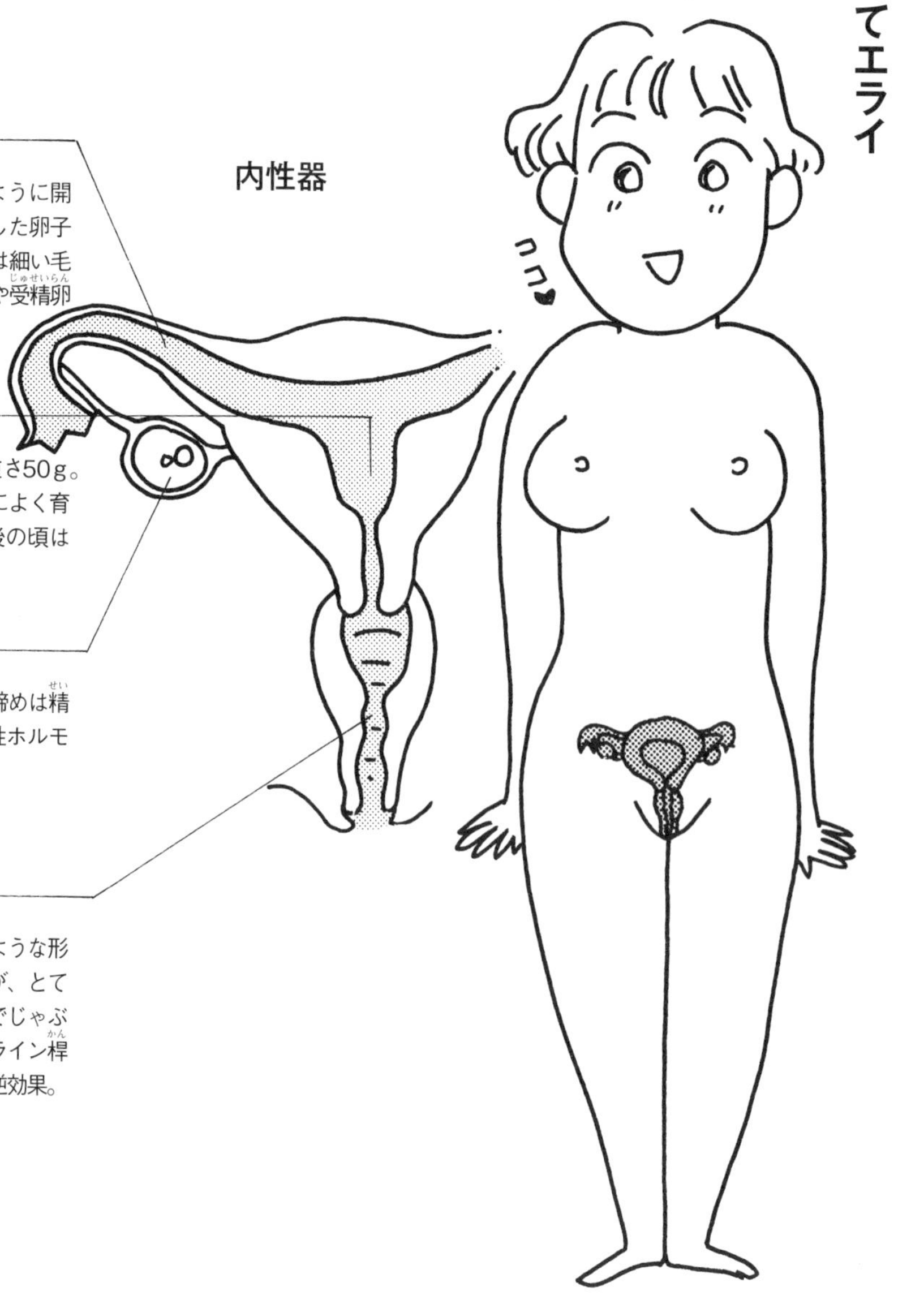

卵管《らんかん》

長さ8～10㎝。先端はラッパのように開いてて（卵管采《らんかんさい》）、卵巣から飛び出した卵子をおいでおいでする。卵管の内側には細い毛が生えてて、この毛がさわさわ卵子や受精卵《じゅせいらん》を子宮に送り込む。

子宮《しきゅう》

長さ8～9㎝、厚さ1～3㎝、重さ50ｇ。赤ちゃんの子宮は2ｇだから、いかによく育ったかが分かる。さらに妊娠の最後の頃は30㎝に膨張！　尊敬に値する。

卵巣《らんそう》

女性の性の元締め（男性の性の元締めは精《せい》巣《そう》＝たまたま）。医学的には性腺《せいせん》＝性ホルモンを分泌するところ、と呼ばれる。

膣《ちつ》

長さ7～8㎝。砂時計を横にしたような形で、普段はペチャンコに閉じているが、とてもストレッチ性がある。なお、ビデでじゃぶじゃぶ洗うと、せっかくのデーデルライン桿《かん》菌《きん》が流れて自浄作用が落ちるので、逆効果。

卵子が成長すると左右交代で一個ずつ、定期的に排卵します（→P.29）。

おりもの・初経《しょけい》がおこる頃から、おりものの分泌も始まります。おりものには涙と同じように、からだを守る自浄作用《じじょうさよう》があります。デーデルライン桿菌《かんきん》という善玉菌がいっぱいいて、悪玉のいろいろなバイキンをやっつけ、内性器を感染症《かんせんしょう》から守るのです。女のコの当然の、かつありがたい生理ですから、ショーツがヨゴれてイヤだ、などと言わないように。

正常なおりものは、白っぽく半透明で、ショーツにつくと、黄みがかかり、なんとなく甘酸っぱい匂いがします。体調を崩し、女性ホルモンのバランスが悪くなると、おりものの分泌も悪くなって、膣や外陰部《がいいんぶ》に炎症を起こしたりします（→P.134）。STI（性《せい》感染症《かんせんしょう》→P.110）などの病気になると、とたんに色や臭いが変わります。だから外性器のチェックと共に、おりもののチェックも怠らないこと。

性器に羞恥心を持って、見て見ぬふりをするのは、どーも日本の女性の悪いクセです。女のコの心とからだの健康は、思春期からあと死ぬまで、性器と女性ホルモンのガンバリ次第で決まります。かけがえのない自分のからだ。隅から隅まで愛情を！

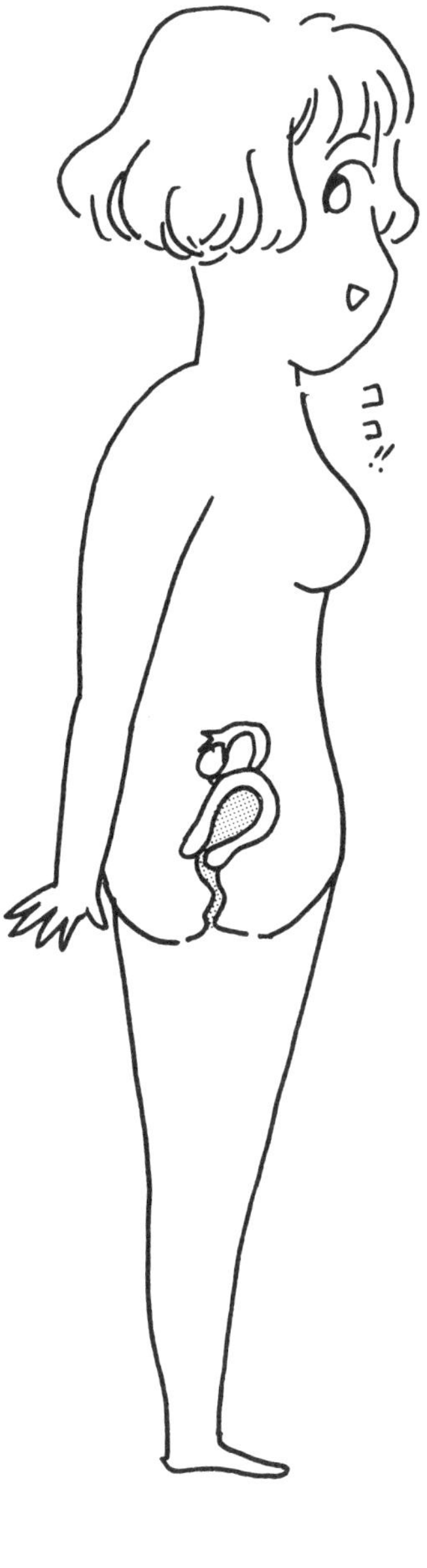

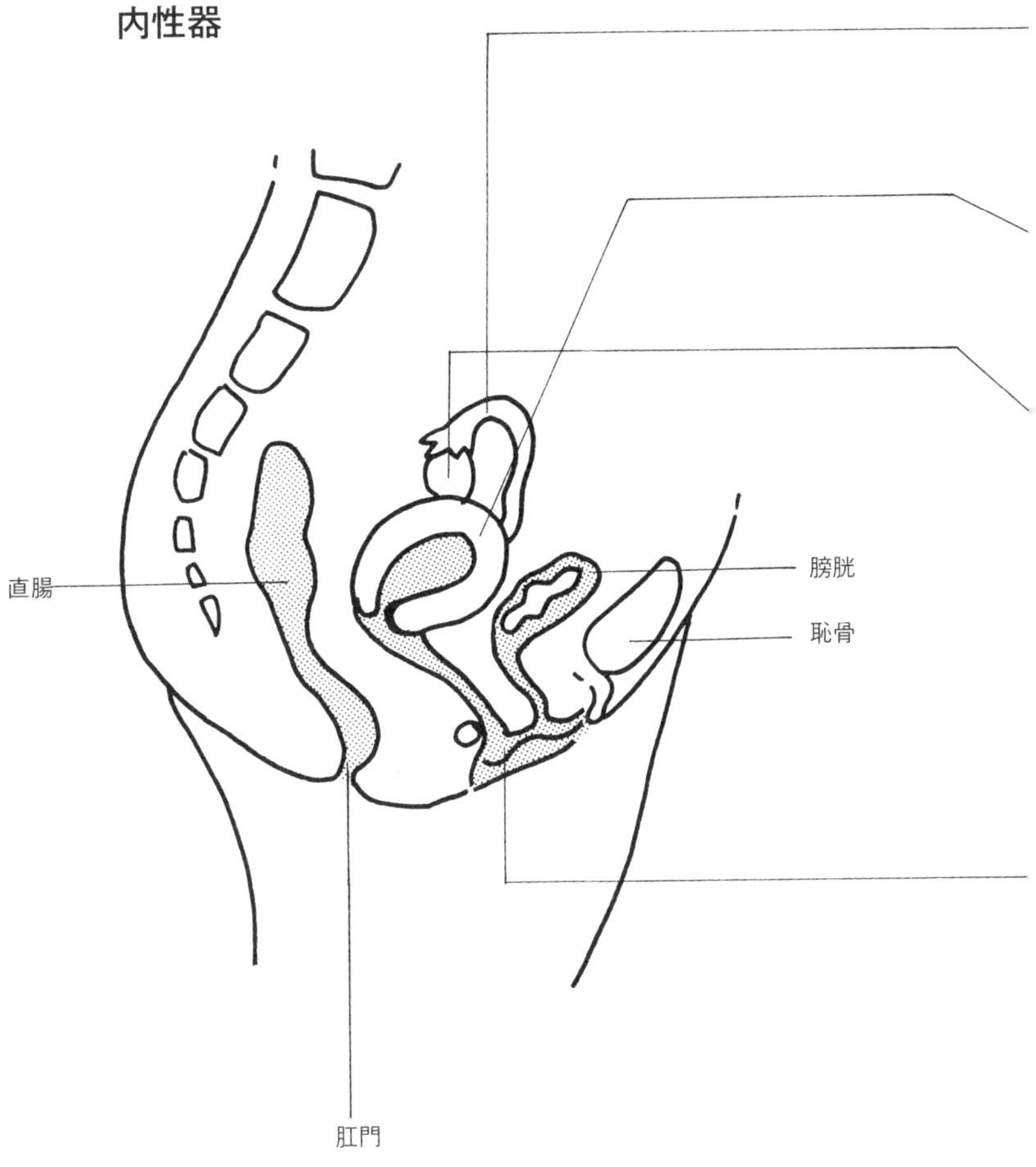

LESSON 1 月経のプロセス

定義・周期的に繰り返され、かつ限られた日数で自然に終わる子宮からの出血。

初経《しょけい》・平均で12・5歳です（月経がまだ↓P.128）。

周期・月経の初日から、つぎの月経の前日までの期間です。25～38日を正常の範囲とします。思春期ではもうすこしズレても正常です（月経が不順↓P.128）。また個人でも、毎回周期が違うのが普通です。

量・どうやって計ったのか、一回の月経で22～120gと個人差が大きかったそうです。これには子宮内膜《しきゅうないまく》の組織や分泌物も含まれ、血液だけならもっと少なくなります（過多《かた》及《およ》び過少月経《かしょうげっけい》↓P.129）。

目的・ずばり妊娠準備です。

メカニズム・月経の前には基本的に排卵《はいらん》があります。排卵は卵巣の中の原始卵胞《げんしらんぽう》（卵子のモト）が女性ホルモンの働きで成長し、ポンと飛び出すことです。この卵子は、卵管《らんかん》で男のコの精子《せいし》と出会って受精卵《じゅせいらん》になると、子宮に入り、子宮内膜にもぐりこんで、大きくなります。これが妊娠です。子宮内膜はそれに備えて、排卵の時期には、ふかふかのベッドみたいに厚くなっています。

しかし卵子が受精しなかった時は、この子宮内膜はいりません。とっておいても古くなるので、毎回捨ててしまいます。それが月経です。子宮の中の酵素で溶かされた子宮内膜が、血液に混ざって出て来るのです。

卵子の成長↓排卵↓子宮内膜ふかふか↓卵子の死去↓子宮内膜不要↓月経

思春期を迎えて、からだが女らしく成長し、月経が始まるまでには、こんなにたくさんのことがあったのです。ホルモンも一つではなく、大脳の下の、脳下垂体《のうかすいたい》から出る性腺刺激《せいせんしげき》ホルモン（卵胞刺激《らんぽうしげき》ホルモン、黄体形成《おうたいけいせい》ホルモン）と、卵巣から出る女性ホルモン（卵胞《らんぽう》ホルモン、黄体《おうたい》ホルモン）が複雑にからみあって、排卵や月経を促します。

月経を通して常に自分のからだと向かい合うことができるのは女のコの特権。きちんとチェックして、「卵巣は快調、子宮も元気」と、毎月応援してください。おなかが痛い、イライラする。そんな月経にともなうトラブルも、上手に乗り切ることができます（月経の悩み↓P.132）。そしてパートナーと避妊について話し合うためにも、将来の妊娠・出産のためにも、必ずあなたの役に立つことです。

女のコのホルモンの流れ

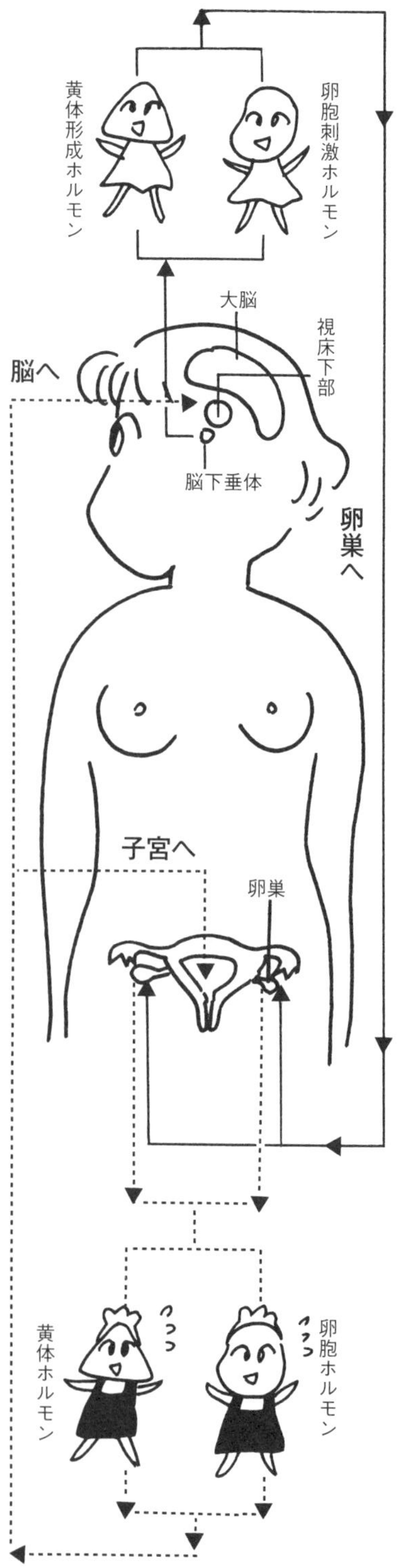

LESSON 月経の基礎知識

ドキュメント「排卵への道」

❶プロフィール

名前・卵子《らんし》
大きさ・直径0.2〜0・25㎜の丸型。
色・淡いコーラルピンク？

というワケで、私は23個の染色体を持つ♀側の生殖細胞《せいしょくさいぼう》。つまり人間の赤ちゃんのモトの片割れ。精子《せいし》サマと出会って受精卵《じゅせいらん》となることを生きがいに生まれてきました。

❷眠りの時

女のコは赤ちゃんの時から、その卵巣の中に、私たち卵子の、さらにタマゴ＝「原始卵胞《げんしらんぽう》」を約40万個もかかえています。でもこの頃は開店休業です。

❸目覚めの時

思春期を迎え、平均で12・5歳になると脳の中の視床下部《ししょうかぶ》が働いて、そのすぐ下の脳下垂体《のうかすいたい》が「卵胞刺激《らんぽうしげき》ホルモン」を分泌します。ちなみに視床下部は呼吸、循環、内分泌《ないぶんぴつ》、消化などを司る脳の総司令部でエライのです。

❹すくすく育て

卵胞刺激ホルモンは、赤ちゃん時代の私のお守り役。卵巣にやって来ると40数万の原始卵胞《げんしらんぽう》からとりあえず私を一人選び出し、一人前の「成熟卵胞《せいじゅくらんぽう》」に育ててくれます。だいたい2週間ぐらいかかります。もっと正確に言うと私・卵子は成熟した卵胞に包まれてるってカンジです。

❺育った

私が成熟する頃を見計らって、視床下部は脳下垂体に、今度は「黄体《おうたい》形成《けいせい》ホルモン」を分泌するよう命令します。

❻よーし、排卵

黄体形成ホルモンは、卵巣にやって来ると、卵胞の中から私を引き出し、さらに卵巣から連れ出し、卵管へ案内してくれます。これがウワサの「排卵」です。

❼精子を待つ

卵巣を飛び出した私は、「卵管采《らんかんさい》」に取り込まれ、卵管に入ります。私は自分では動けませんが、卵管内の細い毛がさわさわ動いて私を招き寄せます。

❽はかない命

私は卵管の一番太い所、「卵管膨《らんかんぼう》大部《だいぶ》」で、精子サマを待ち受けます。でも24時間たつと、もー待ちきれなくて、ふて死にしてしまいます。あー、セミよりはかない命でした（マル）。

ドキュメント「月経への道」

❶目覚めの時

思春期を迎え、卵胞刺激ホルモンが私・卵子を育て始めると、私を包んでる卵胞も、やはり卵胞刺激ホルモンの作用で「卵胞《らんぽう》ホルモン＝エストロゲン」を分泌し始めます。

この卵胞ホルモンは〝女性ホルモン〟と呼ばれ、皮下脂肪を蓄えたり、性器を発達させたり、女らしいからだ作りに役立ちます。

❷その時、子宮では

この卵胞ホルモンは、卵巣から子宮へ出かけていき、子宮《しきゅう》内膜《ないまく》でベッドを作ります。将来私が運よく受精卵になったらここに寝るので、その準備をはじめるワケです。

❸つづいて排卵する頃に

黄体形成ホルモンは、私を排卵させますが、それと同時に、私が抜けたあとの卵胞を、卵巣の中で「黄体《おうたい》」という黄色い組織に変身させます。

❹さらに排卵したあとに

で、この黄体は、さらに「黄体ホルモン＝プロゲステロン」を分泌します。このホルモンもやっぱり〝女性ホルモン〟と呼ばれ、おっぱいや性器の発育に役立ちます。

❺そして、もう一度子宮では

黄体ホルモンは、卵巣から子宮へ出かけていきます。そして先程、卵胞ホルモンが作っておいたベッドの上に、マットや布団を敷いてフカフカにします。

❻子宮内膜ベッド・準備完了

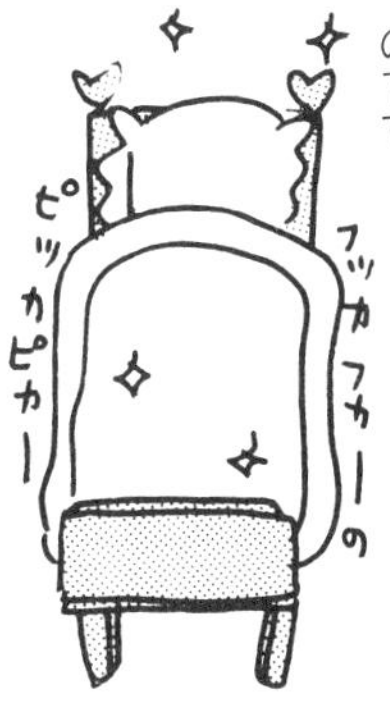

ベッドの準備ができました。あとは受精卵の到着を待つばかりです。ところがその頃、卵子の私は受精卵になるどころかとっくに死んでいたのです。

❼ベッドが壊れて＝月経

黄体ホルモンは、約2週間、ベッドの脇で私（受精卵）を待っててくれますが、当然来ない。ついに腹を立て、ベッドを子宮の外へケリだし、トンズラしてしまいます。これがウワサの「月経」でした。

ちなみに伊藤理佐の場合

LESSON 3

ナプキン&タンポン

ケアの基本

手当のポイントは1に清潔、2に清潔です。経血はただの血液よりはるかに栄養満点です。だからバイキンも大喜びで繁殖します。暑い季節はなおさら大繁殖です。大事なところがバッチいままではいけません。ナプキンは2時間おきに取り替えましょう。量の少ない日でもケチってはいけません。気になるニオイも、経血そのもののニオイというより、バイキンで変質するためのニオイです。まめに取り替えるだけで、ずいぶん違います。

ピタピタジーンズやキツキツガードルもはかないように。当然ムレて、バイキンを喜ばすだけです。そのうえ血行も悪くなり、月経痛の原因になります。

きれいに洗うことも大切です。シャワートイレがあれば大いに利用しましょう。お風呂やシャワーもまめに入ってください（膣の入り口の括約筋《かつやくきん》はいつも閉じてますから、お風呂のお湯が中に入ることはありません）。からだを暖めると下半身のうっ血がとれ、血行がよくなりますからおすすめです。

ナプキン選び

各メーカーの品質改良競争にはすさまじいものがあります。主力は高分子吸収体といって、経血をゼリー状に固めて逃がさないというハイテク技術の追求です。ともかくモレないズレないムレないです。せっかくですから片っ端から新作を試してみて、自分に合うものを選びましょう。友達何人かとワケワケすれば安上がりです。そして量の多い日、少ない日、夜、夏冬と上手に使い分けてください。

タンポンも使ってみる

膣の中に入れて使う内装式の月経用品です。膣はとてもストレッチ性があり、特に奥の方は鈍感なので、正しい位置に挿入できれば異物感はありません。処女膜も、もともと経血を排出するための穴があいていますから、タンポンぐらい、楽勝です。まめに取り替える、という原則さえ守れれば、若い女のコがタンポンを使えない理由はまったくありません。

ただし、『タンポンの膣内置き忘れ事故』には十分注意しましょう。異物性の膣炎《ちつえん》を起こします。ほっとくと、子宮や卵巣まで感染を起こします。おりものがおかしいといって産婦人科へ駆け込んだら、それはそれはクサくてバッチいタンポンが出て来た、では赤っ恥です。

たかが ナプキン
されど ナプキン(?)
こんな 歴史が
ありました

モノに歴史アリ!!
すごーい。

パパレモン
がんばる!!

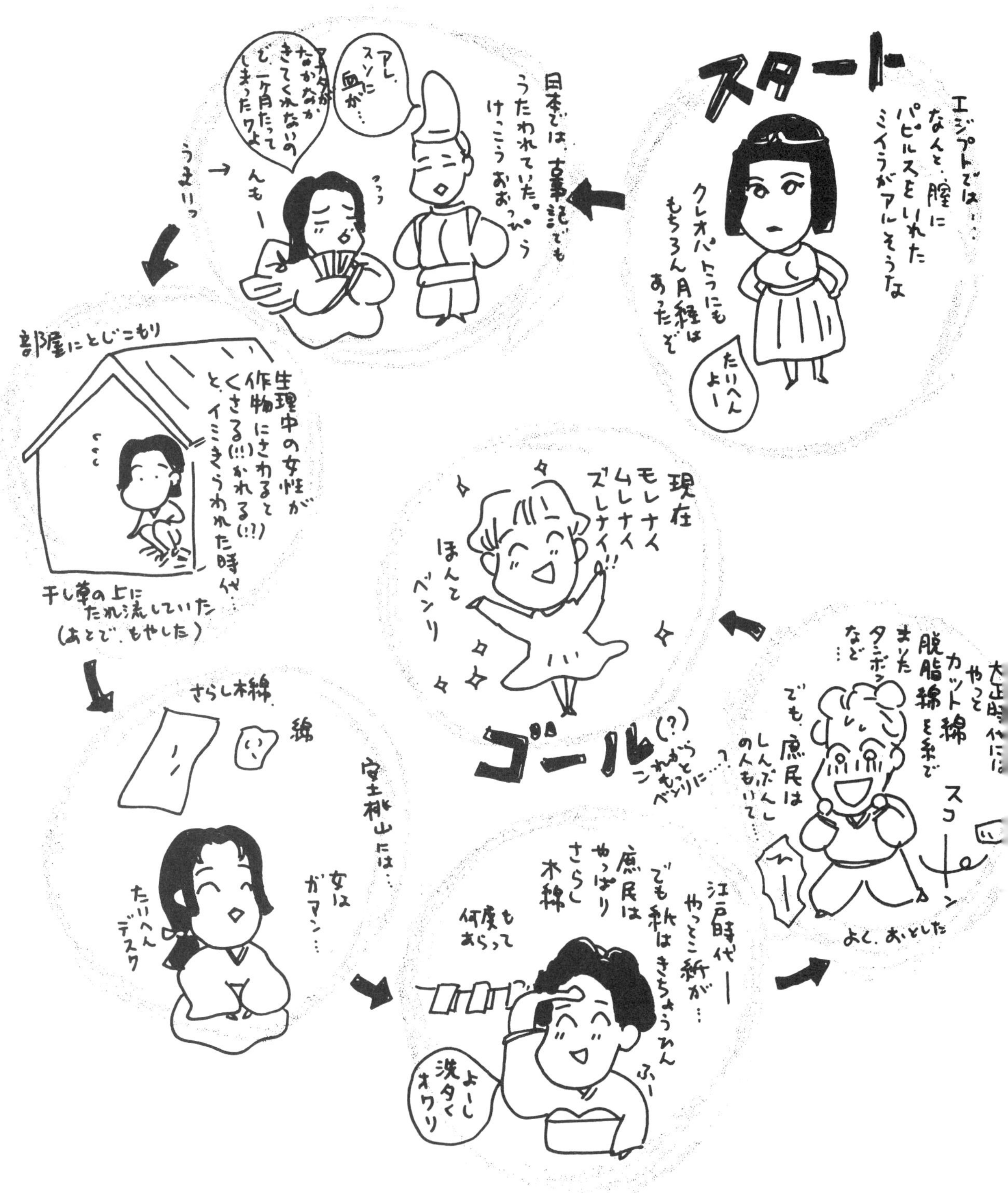

夜のウラ技

40㎝に及ぶ、夜専用のナプキンができて大助かり。それでも旅行先や友人宅で寝相が悪いと不安です。そこでウラ技。

●「あてる」のではなく「はける」、ショーツ型のナプキン。これなら安心！

●産褥ナプキン。出産後の多量の出血に対応する特大ナプキンでＬ判55×17㎝！ の座布団級。薬局で売ってます。

どっちもかさばりはするけど失敗するよりマシといえます。

お布団を汚したら

朝起きて失敗しててもキレイにする余裕なし。帰ってくるころにはカピカピ……の時に1. 台所用洗剤をヌリヌリ。2. ぬれタオルをあてて30分ぐらいなじませる。3. 布団の上からぬれタオルでトントンたたく。結構キレイになるよ。試してみて。

基礎体温のメカニズム

基礎体温とは

人間には「基礎体温《きそたいおん》」という体温があります。4時間ぐらい、じーっとなーんにもしないで計った体温です。普通は朝、目覚めた時、ベッドの上で静かに計ったものをいいます。

動いたり食べたり怒ったり、風邪をひいたり、虫歯が痛かったり、何かあれば必ず体温は上がりますから、基礎体温とは、正確な意味での平熱というわけです。だから、男のコにも当然基礎体温はありますが、毎日毎日計っても同じなので面白くありません。一方、女のコはしっかり違います。月経のサイクルに合わせて高い時期と低い時期があるのです。

基礎体温のメカニズム

体温を変化させる黒幕は、P.30のドキュメントに登場した、黄体《おうたい》ホルモンです。卵巣が黄体ホルモンを分泌している期間は0.4～0.5度ほど体温が高くなるのです。これを月経のサイクルに合わせてみると

- 月経から、排卵の起こるまでの約2週間は、体温低めの低温期。
- 排卵が起こり、黄体ホルモンの分泌の始まった頃、体温が上がる。
- それから次の月経が始まる頃まで体温高めの高温期。
- 月経が始まるということは、黄体ホルモンの分泌がなくなるということ。だから月経が始まると体温が下がって低温期になる。

以上を体温表にしてみると左上のようになります。この表の高い時期を「高温相《こうおんそう》」、低い時期を「低温相《ていおんそう》」と呼びます。さらに高低2つの相がある基礎体温のパターンを「二相《にそう》性《せい》」と呼んでいます。

基礎体温を計ってみて「二相性」になったら、それは卵巣も子宮も正常に働いていて、ホルモンのバランスがいいということ。つまり女のコは誰でも、婦人体温計一本で、健康管理ができる。利用しない手はありません。

基礎体温で分かるいろいろ

①排卵日　基礎体温が低温相から高温相に移るあたりです。

②次の月経　次回月経は排卵から12～16日後におこります。自分のサイクルが正確に分かれば、急に始まってアセることがありません。

③妊娠　高温相が3週間以上続いたら、まず間違いなく妊娠です。黄体ホルモンは、受精卵のために子宮内膜をふかふかにしておくの

❶まず、薬局に行って「婦人体温計」を買ってくる。大概「基礎体温表」もついてくる。2000～4000円。
※普通の、風邪ひきの時に使う体温計は目盛りがおーまかだから、基礎体温のびみょーな変化はぜったい分からない。計ってもムダ。

❷朝、目が覚めたらそのままフトンの中で計るのがベスト。だから前日の夜、枕元に用意しておく。

❸口の、舌の下に入れて計る。脇の下は不正確だからやめとく。

❹問題は、口にくわえたまま、また眠ってしまい、ヨダレと一緒に体温計がはずれること。こういうコはフトンの上にお

28日周期の基礎体温表

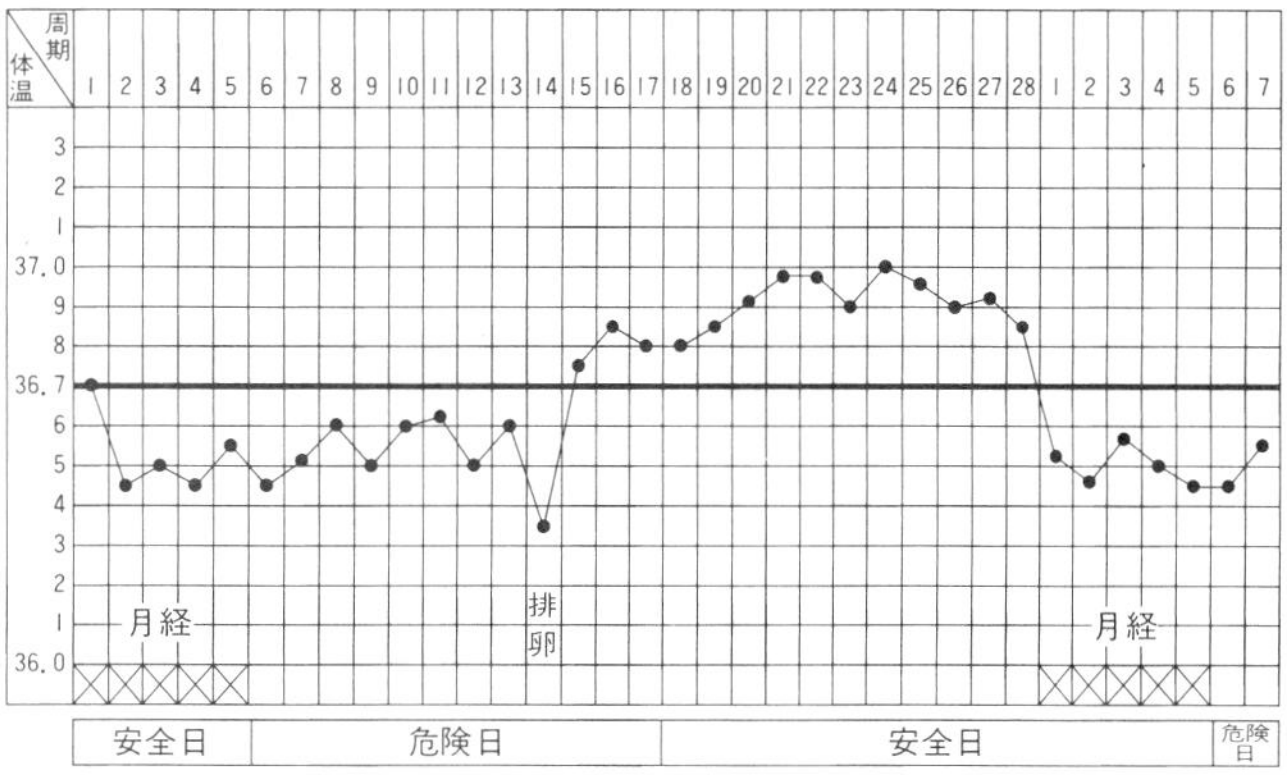

が仕事ですから、妊娠すれば受精卵を守るためにずーっと分泌され続けます。つまり基礎体温は上がりっぱなしになります。

④無排卵　低温相しかないという場合は、卵巣の機能が悪くて、排卵をしてないことが考えられます。ただ発展途上の思春期では、月経が始まってもしばらくは無排卵が続くことはよくあります。あわてなくても大丈夫です。

その他　18歳を過ぎても低温相ばかりが続く時、もっと若くても二相性のパターンがおかしい時は、卵巣の機能やホルモンの分泌に問題があるかもしれません。シロート判断しないで、表を持って産婦人科に相談を。

基礎体温を避妊に応用するとき

妊娠は女のコの卵子と、男のコの精子が出会って起こります。だから排卵期＝危険期に絶対セックスしなければ（もしくは他の方法で、しっかり避妊すれば）理論的には妊娠しません。

この基礎体温法では、確実に避妊を行うために、月経が始まってから、高温相に移って3日たつまでの間を危険日と考えます。4日めからが安全日です。

実際に妊娠する超危険日は、排卵日まえの3日間（精子が子宮の中で生きてる期間）と、排卵日当日、排卵日後の1日（卵子が生きてる期間）の計5日間ですが、排卵はいつ起こるか分からないので、低温相の間はまとめて危険日と考えるわけです。

高温相に移っても、高温＝排卵という保証はない。単に体調が悪くて体温が上がっただけかもしれない。まだまだアブナイ。だからそれを確認するために、続く3日間も当然危険日と考えます。特に慎重に体温を計ります。確認できたら、やっと安全日です。

確実な避妊のために

以上で、理屈の上では避妊できるのですが、思春期はからだが不安定で、いろいろ不測の事態がおこりますから、過信は禁物です。シロートなので、体温表の読み間違えもあり得ます。まず3カ月間計ってみて、その表を持って産婦人科へ行き、必ずアドバイスを受けてください。妊娠してからじゃ遅い！　避妊の実践はとても難しいものです（→P.66）。

となしくお座りして計る。この時、マンガぐらいは読んでもいい。

❺基礎体温はデリケートなので、
・うっかり食べた、飲んだ、トイレでいきんだ、シェイプアップ体操をしてしまった時は、一応計って、してしまったことを表に一緒に書き込んでおく。

ちゃんと計った日でも
・計った時間がいつもと違う、睡眠不足、風邪っぽい、ゲリっぽい、ベンピっぽい、歯が痛い、など体調のかげんで体温が変化しそうなことも、きちんと書いておく。

❻忘れた、寝坊をした、オシッコがもれそう、試験で徹夜だった、朝練で急ぐといった理由で計れないことは間々ある。そういう時はそれっきりあきらめたりしないで、明日計ればいい。

危！　基礎体温を避妊に役立てようと思ってると、高温期が待ちどおしい。でも「上がった、上がった」と喜んでセックスしちゃったら、単なる風邪の高温で、ガーン！　てこともある。自分の体調をよく考えて、余裕をもってじっくり計っておくこと。

女のコのリズム1カ月&1年

きちんと自分の記録をつけてますか？　月経はもちろんのこと、基礎体温や排卵日かなっていう日も全部。女のコのからだは常にホルモンの影響を受けています（月経前症候群→P.132）。健康管理ができて初めて一人前。

一年を振り返ったら、心もからだも、恋もステキに成長してるはず……。

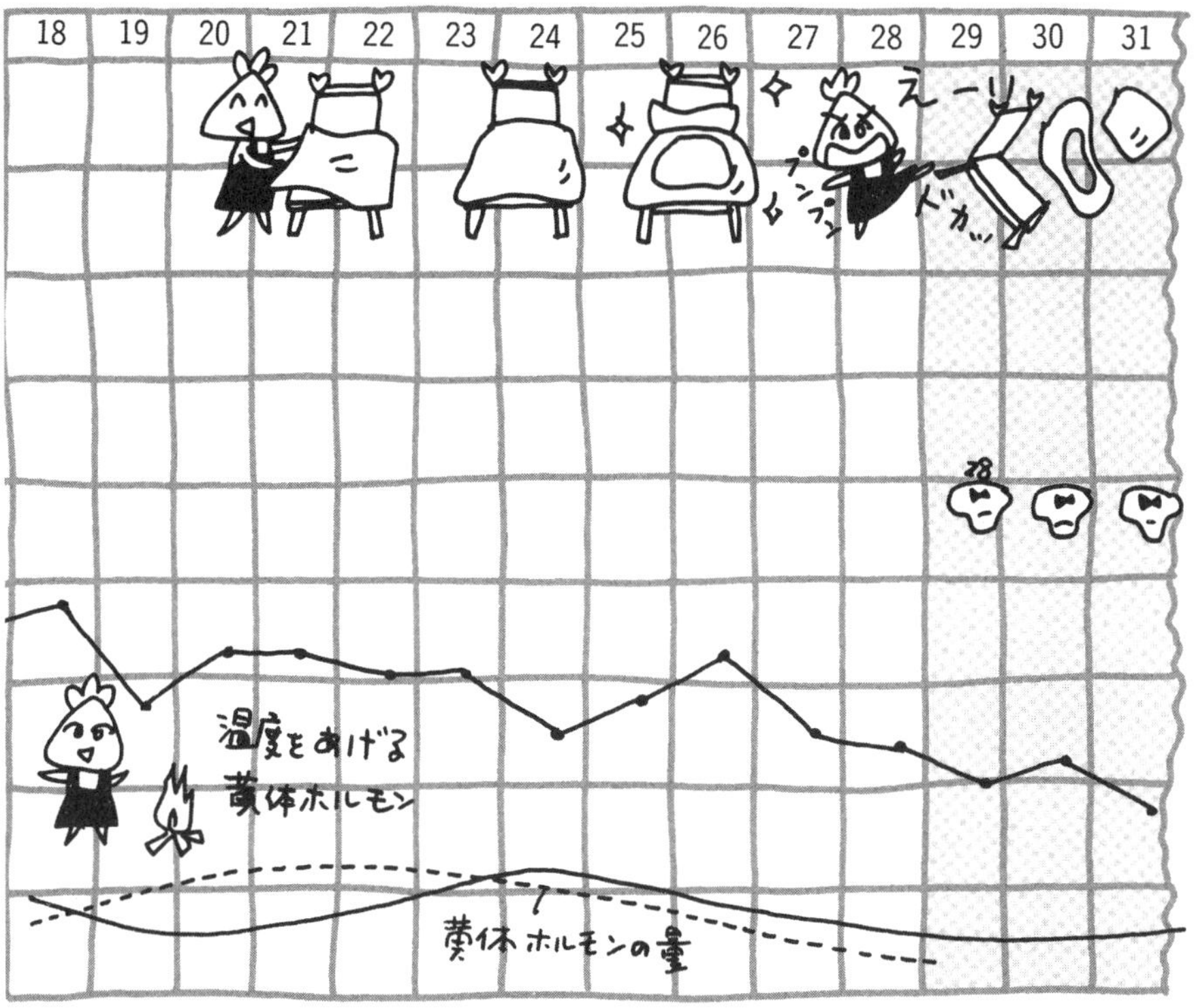

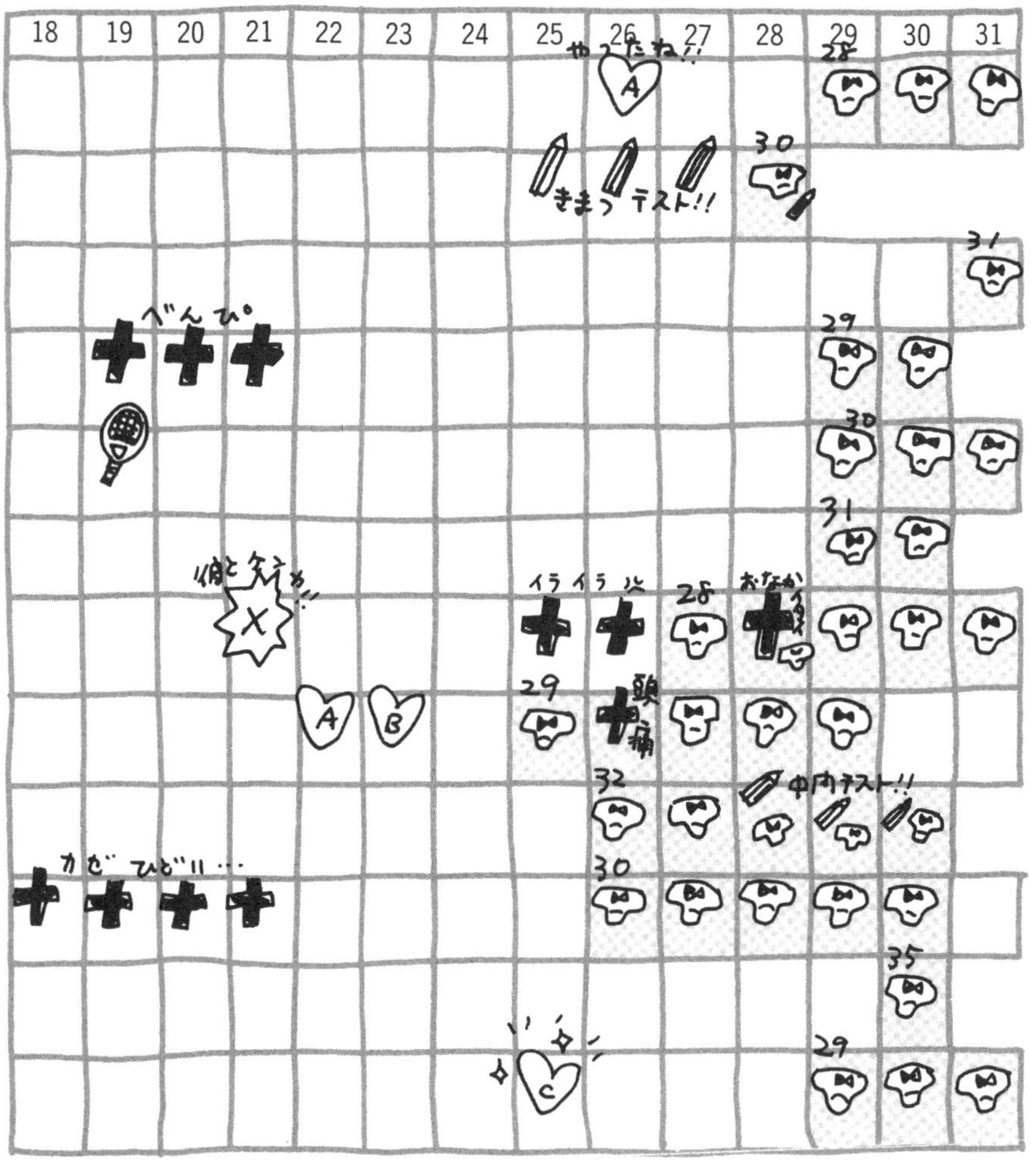

- ：月経。初日のマークに周期を書くこと
- ：基礎体温で見当つけた排卵日
- ：デートＡＢＣ
- ：テスト
- ：試合
- ：旅行
- ：病気

●1カ月のサイクル

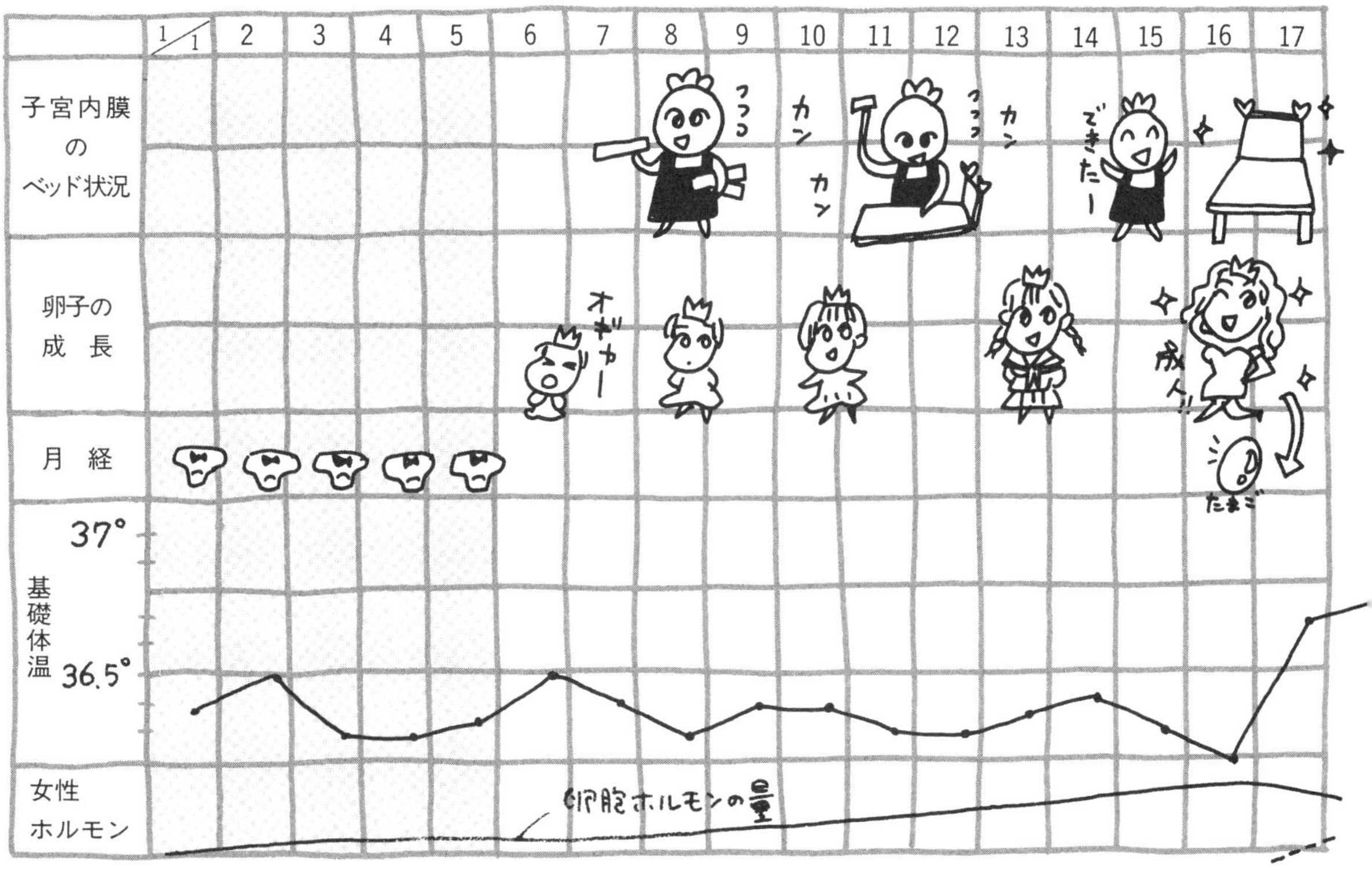

●1年間のサイクル

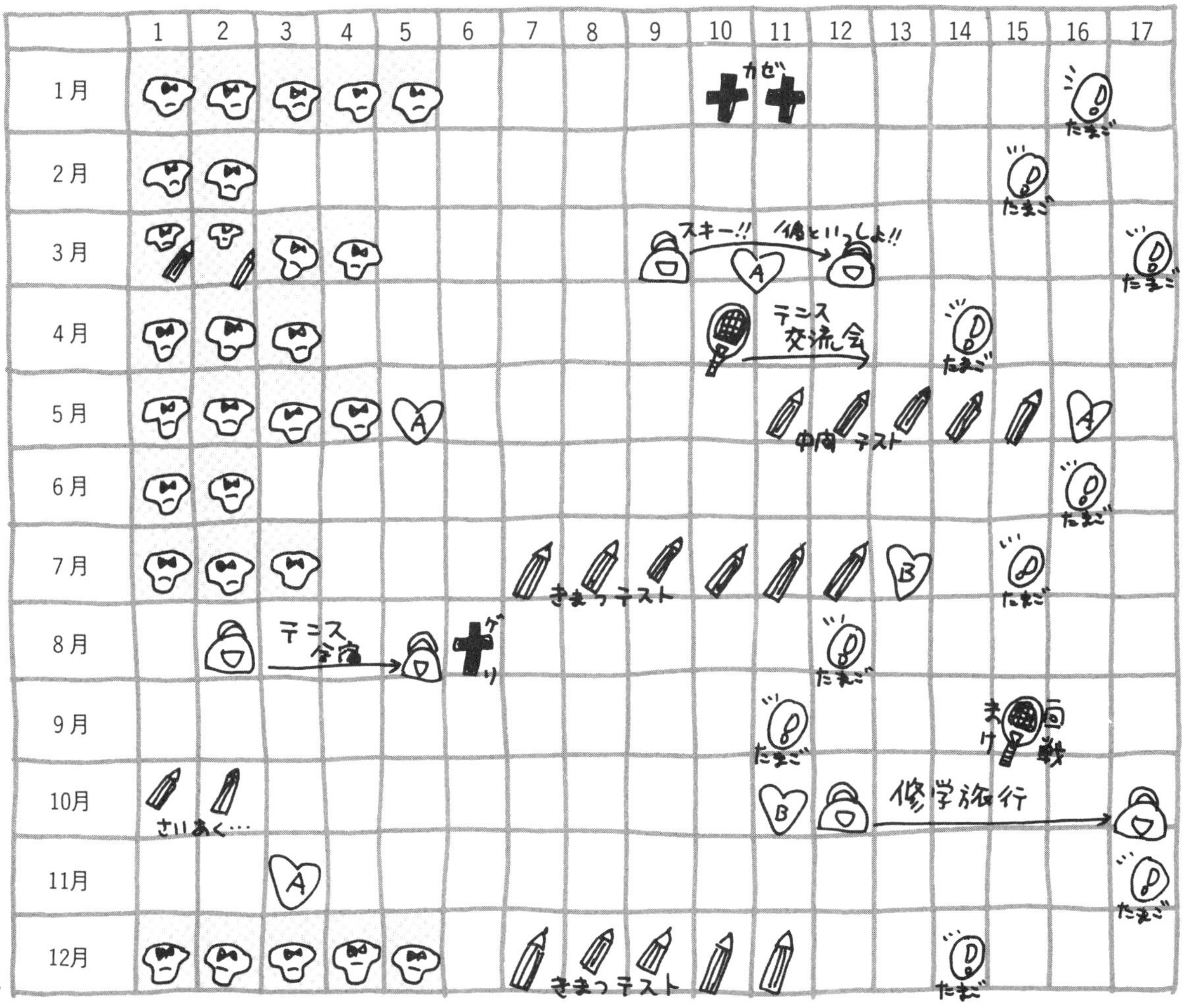

男のコの心とからだを知っておこう

HIS BODY

大好きだけでカレの本音は見えないぜ

「やりたい盛り」の男のコ

人間の性行動は男性ホルモンによって加速されるということをご存じかな。男性ホルモンが性欲ホルモンとか愛情ホルモンと言われるゆえんだ。男性の場合は精巣《せいそう》と副腎《ふくじん》、女性では卵巣と副腎が、男性ホルモンを分泌する器官の代表選手。あらためて言うまでもないが、性欲は決して男性の特権ではない。女性にだって、性欲があり、「彼と一緒にいたい」とか「彼の腕に接していたい」などの欲求は、性欲ホルモンのなせる業だと考えていい。

ところで、これからが深刻。男性ホルモンの分泌量を年齢によってみたとき、男性は17歳から18歳にピークがあるってこと。君の身近にいる同世代の男のコは、人生の中でも、最も性欲ホルモンレベルの高い時期を生きているってこと、知ってた? 性欲ホルモンレベルだけでみれば、君の父親の比ではない。ピークに向かって今を生きている男のコの性欲との葛藤、理解できるかな?

それでは女性はどうか。女性のからだの中で分泌されている男性ホルモンには、年齢による変化があまり認められないという。でも、男性に比べて女性ホルモンの分泌が盛んな女性の場合、女性ホルモン濃度が高い時期には相対的に男性ホルモンが抑え込まれてしまう。その代表格が妊娠中。妊娠中は、胎児の生命を維持するために、女性ホルモンの分泌が盛んで、女性ホルモンの嵐の時期ともいわれているのだ。その結果として、男性ホルモンの相対量は減少し、性欲は低下する。男性が性欲との葛藤に明け暮れしている高校時代。女性はといえば、「何で男はみんなそんなにやりたがるの?」と首をかしげたくなるようなホルモンレベルを生きていることになる。

僕の高校時代を思い返しても、まさに性欲との戦いの連続だった。「セックス」という言葉や文字が目に入るだけで、僕の性は混乱を繰り返した。「セックスしたい」という欲求は、僕の高校時代の偽らざる思いだった。週刊誌情報でなんでも知り抜いていた僕にとって残された道は、ただ一つ、「やるっきゃなかった」。でも結論を急げば、僕の初体験は高校時代にはなかったのだ。目の前に、大きく立ちはだかる受験が、僕を臆病者にさせたからだ。「ここで女性との関係に走り、その楽しさに溺れてしまったら、僕は挫折するのではないか」という、自信にも満ちた思いがあった。だから、僕は自分を励まし続けたのだ。

「受験に成功したら性交しよう」と。

しかし、激しく襲う性欲は、精神的な励ましだけで解決されるわけではなかった。そんな時、右手の青春が僕の友達だった。右手の青春に支えられる日々の連続。だから、僕は右手の青春に、感謝状の一つや二つあげたい気持ちでいっぱいだ。

本当に好きだからこそ……

僕のクリニックに通っていた女子高校生からの相談だった。

「彼とは3年間も付き合っているのに、彼って一向に手を出してこない。キスだってまだなのよ。ひょっとしたら、性的に問題があるのかしら」

小綺麗な女のコの大胆発言に呆然。

「今度彼と一緒においで。僕に彼と二人だけで話をさせてくれないか」

2週間後だった。ハンサムボーイとやって来た彼女。診療の合間をみての、彼との面接。

「君たち、キスもまだなんだって? 彼女の方はちょっとばかりしびれをきらしているみたいだよ」「先生も男だからわかるでしょ。本当に好きな女のコには手を出せないという心理。僕にとって、彼女はそういう人なんです。欲求のおもむくままに行動したいという願いがないわけではない。でも、そんなことして嫌われてしまったら元も子もないからね。別に性的に問題があるわけではありませんから、心配御無用。セックスする相手はいるから」

セックスする相手はいるからという言葉は気にくわないけれど、男性の心の一面を見る思いがした。好きだから手を出せない女性。性的な欲求を満たすためだけの女性。君はどちらのタイプの女性を目指しますか？

楽しいひと時の後に待っていたもの

中学1年生の初々しい女のコの悩みを聞いてやってください。

彼女は自分の中学校を卒業したばかりの先輩を好きになったんだ。みんなからはプー太郎と言われていた先輩だった。卒業したのに学校にも行かず、仕事にも就かず。だから親も教師も口をそろえて、「あんな子と付き合っちゃダメ」と。でも彼女は彼が好きだった。わかるだろう、こんな彼女の思い。冷静になって考えれば、親や先生の気持ちもわからないではないが、「好きなものは好き」。これが恋っていうものかな？

そんな先輩がある日、誘いの電話を掛けてきたのだから、もう天にも上る気持ちになった彼女。「今度、俺の両親さ、旅行に行くんだって。だから俺んちに遊びに来ないか」。迷った。「行きたい」、でも「いいのだろうか」と。たまたま相談に乗ってくれた友人がいたものだから、その友人と一緒に彼の家へ行くことに決めた。

先輩と2人の男性がいた。「こんなはずじゃなかったのに」とは思ったが、自分だって友人を同行させているのだ。5人の男女による楽しいひと時が過ぎていたのだが、一緒に行った友人が先に帰りたいと言い出していなくなった。その時だった。

プー太郎が彼女を襲った。もちろん合意があったわけではない。暴力だ。まさしくレイプだった。あげくが、セックスを終えた彼は、事もあろうに、他の二人の男性に向かって、「俺の女だからやっていいぜ」。初めてのセックスをこんな形で迎えようなんて、これっぽっちも考えてはいなかった。でも、現実は、彼女の身も心も傷つける形で終わった。

それから月経が止まった。妊娠不安の中でクリニックを訪れた彼女に待っていたものは、幸いにも妊娠ではなかったが、ＳＴＩ（性感染症）、クラミジアという忌まわしい病気だった。

誘われるままに、彼の家へと向かった彼女は、セックスを求めていたわけではない。たとえプー太郎というレッテルを張られていたとしても、彼女の心をとらえて離さなかった先輩との共通の時間を過ごしたかっただけだ。身近なところで、目と目をみつめての会話なんて想像しただけで嬉しくなる。自分の耳元で先輩の声が聞こえるなんて楽しくなる。先輩の吐いた二酸化炭素だったら吸うことだってためらわない。そんなロマンチックな時を過ごすことができたらという思いが、彼女をプー太郎の家へと行かせたのだ。

でも、この事件をみる限り、先輩であるプー太郎は、彼女を誘い込んだ時から、セックスを目的としていたのではないだろうか。しかも、複数の男性とのたくらみの中で……。

このように、男女の意識には大きな違いがあることを知るべきだ。同じ時を過ごし、同じ場所にいたとしても、男女の考えていることには大きな隔たりがある。寂しいけれど、君の思いと彼の思いとは決して同じではない。

女性は「愛していた」、男性は……

日本性教育協会がわが国の高校生の性意識を調査した結果が手元にある。「初めてのセックスのきっかけは何ですか」という問いに対して、男女とも「愛している」とか「好き」というのがないわけではないが、男女の間には際だった違いのあることがわかった。女性は、「愛していた」「愛されていると感じた」が目立ち、男性は「興奮した」「好奇心で」が主流。この結果をどう考えますか？

高校生くらいの女性から、「先生、キスくらいならいいかなって思うんですが、先生はどうですか」という質問を受けることがある。僕なんか、男の性の真実を知っているものだから、血相を変えて、「ダメ！」と叱りつけることにしている。「男の性は、キスくらいじゃすまないんだよ」。性欲ホルモンのレベルがピークに近い男子高校生。激しい性欲との葛藤に明け暮れている毎日。そんな中で、キスのチャンスが訪れたその時、冷静さを失わないという保証はない。キス、ペッティング、セックスと、道は作られたようなものだ。女性の性への欲求とは、根本的に違う男性の実態をもっともっと知って欲しいと願ってやまない。

男のコのからだレッスン

男のコのからだも、やっぱり10歳前後に思春期を迎えます。まずは、精巣《せいそう》（タマタマのことです）から大きくなります。そしてここで分泌される男性ホルモンが、男のコのからだ作りの、元締めとなります。

背が伸びる。肩幅が広くなって体型がガッチリする。喉仏《のどぼとけ》が出て声が低くなる。あちこちに体毛が生える。小学校低学年までは、男のコも女のコも似たようなからだつきだったのに、これからは死ぬまで、違う性を生きていくことになります。

LESSON 1

性器

メインはペニスと精巣《せいそう》です。おなかの中には、前立《ぜんりつ》腺《せん》、精のう、精管《せいかん》などがあります。

ペニス・精巣と同じ頃から大きくなり、色も濃くなります。精液《せいえき》の放出（射精《しゃせい》）と、オシッコの放出と、一人二役。射精の時には勃起《ぼっき》（↓P.45）しています。セックスの時には、女のコの膣内を訪問して射精するワケです。

男のコはペニスに深ーい思い入れがあるので、友達のも気になってしかたなく、トイレや風呂場で、密《ひそ》かにガンの飛ばし合いをやってます。強くたくましく一等賞！　と世間の期待する男らしさがプレッシャーなのです。

クーパー腺《せん》

クーパー腺液を分泌する器官。クーパー腺液は射精の前に出る透明な液で、オシッコで酸性になった尿道を精子のために中和する役割がある。

ところが気の早い精子は射精の前からこれにウジャウジャ混ざって出てきてしまう。この重大な事実を知らないと、避妊に大失敗するゾ。

陰《いん》のう

タマタマの入った袋で、伸び縮みがきくように、表面がしわしわになってる。タマタマが元気な精子をつくるには、体温よりやや低めが適温なので、寒いと縮み、暑いとデレッと伸びて温度調節をする。なかなかよくできたラジエーターなのだ。

精《せい》巣《そう》

昔は睾丸《こうがん》とも呼んだ。精子と男性ホルモンをせっせと作る元気者。タマタマというけど、真ん丸ではなく実は楕円形で陰のうの中に2個別々に収まっている。外的ショックにとても弱く、野球のボールなどに直撃されると男のコは声もなくうずくまってしまう。

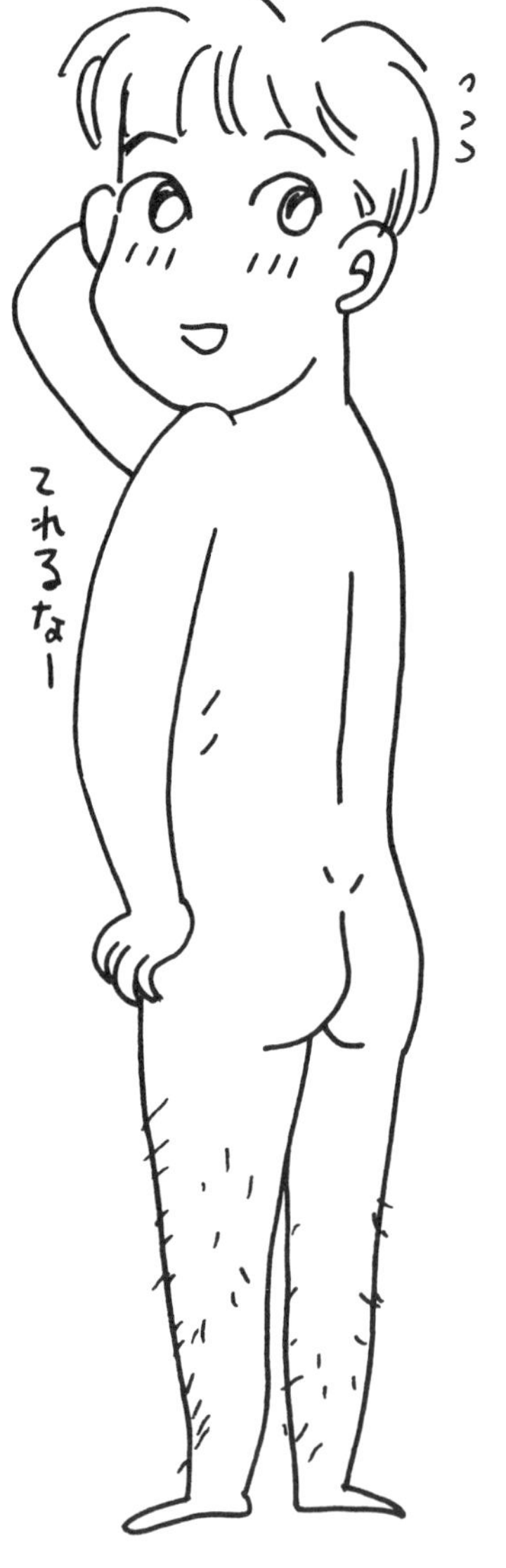

精巣《せいそう》・精子と男性ホルモン（アンドロゲン）を作ります。女のコの卵巣に当たり、無防備にぶら下がってますがとても大事です。

前立腺《ぜんりつせん》、精《せい》のう、精管《せいかん》など・精子と精液をブレンドしたり、運んだりに働きます。

LESSON

射精《しゃせい》

精巣は思春期になると精子を作り始めますが、一定量たまると放出する必要に迫られます。それが射精で、初めての射精を特に精通《せいつう》と呼びます。女のコの月経・初経に当たるオトナのシンボルです。

LESSON

男のコの性欲

男のコは射精を通して、具体的に性欲を意識します。彼らのペニスは精通を体験した瞬間から、オトナなみの機能を持っていますし、性欲のレベルも、ホルモンの関係で、今が絶好調最高潮のピークです。マスターベーションが日常的に行われ、セックスは憧れなんてものじゃなく、ずばりヤリたい大問題です。

一方、女のコはと言えば、性欲レベルのピークがくるのは30～40代。10代の頃の性欲なんて、彼らと比べたらリカちゃん人形です。

男と女は同じ人間だけど、この時期、性的にはまったく違うスタンスに立っています。よきパートナーとして理解し合うには、この違いを互いによく知らなければいけません。とかく過激につっ走りたい男のコの心とからだ。女のコはくれぐれも㊟御身大切に。

陰毛《いんもう》

彼らもやっぱりウエービィで、下腹部から肛門にかけて結構幅広く分布してる。ついでにタマタマにもちょろちょろ短い毛が生えているが、ペニス本体には生えてない。

ペニス

陰茎《いんけい》、つまりオチンチンのこと。人によって色、形、大きさ、曲がり具合、右向き、左向きとバラエティーに富む。機能に大差があるわけじゃなく、「勃起して4㎝以上あればセックスに支障はない」と医学的にも保証されてる。従って4㎝あったら「やっだー小さーい」は禁句。女のコはよくよく覚えておくように。

亀頭《きとう》

ペニスの先っぽの、少し太くなった顔というか首というか頭の部分で、男のコのからだの中ではココがピカ一敏感。見てると目を書き入れたくなる。

尿道《にょうどう》

オシッコと精液の通り道。途中に弁があって、膀胱《ぼうこう》方面と精巣方面にちゃんと分かれている。射精することでオシッコは出ないから安心しよう。

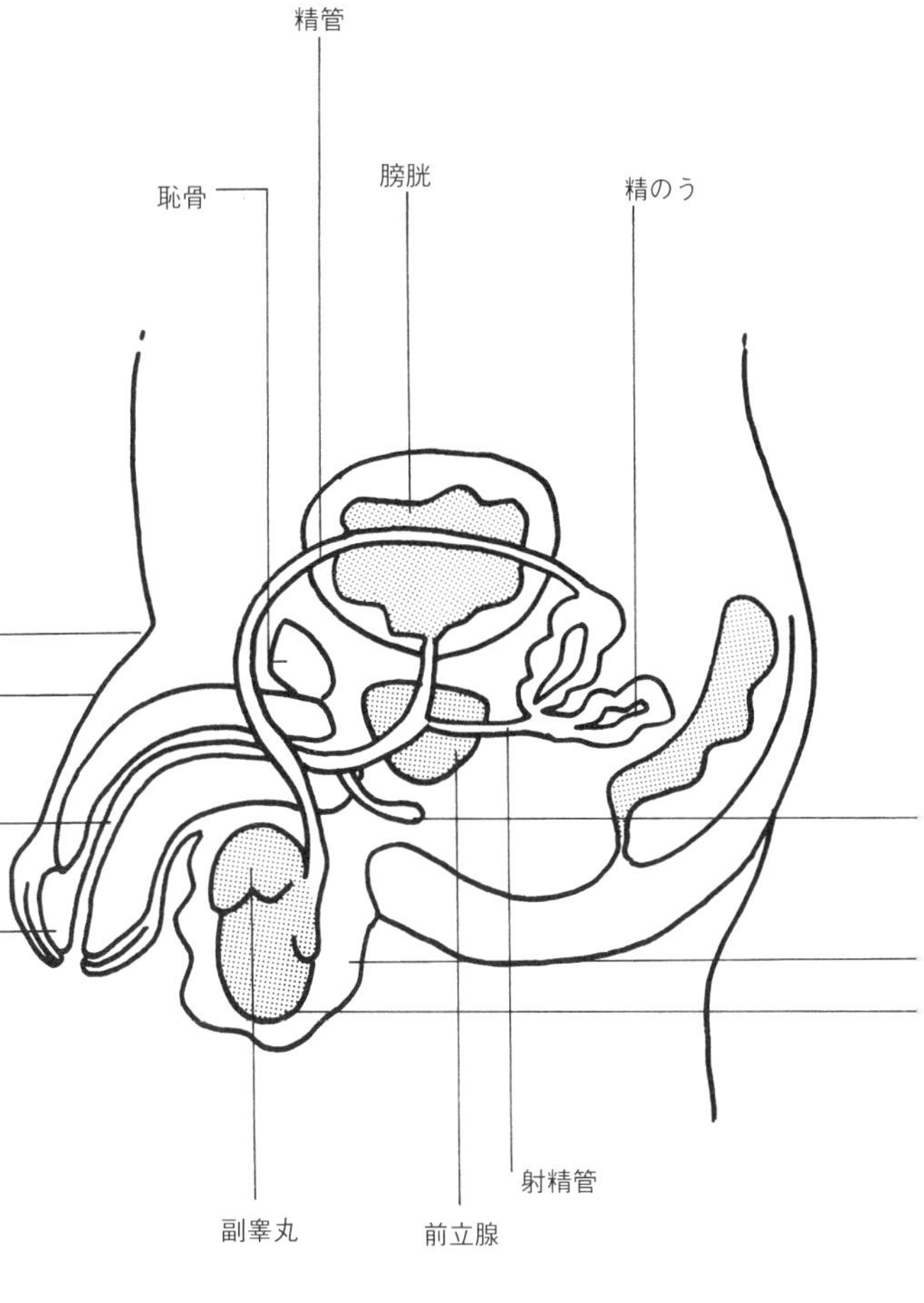

LESSON 4

男のコのメカニズム

ドキュメント

「射精への道」

❶プロフィール

名前・精子《せいし》
大きさ・身長0・05㎜の、オタマジャクシ型
性能・秒速3㎜
色・ライトブルー？

というワケで僕は23個の染色体を持つ♂側の生殖細胞《せいしょくさいぼう》。人間の赤ちゃんのモトの片割れ。卵子嬢《らんし》と出会って受精卵《じゅせいらん》となることを生きがいに生まれてきたんだ。

❷空白の時

男のコも生まれた時から精巣《せいそう》（タマタマ）は持っているけど、残念ながらこの頃、僕はまだいない……。

❸目覚めの時

10歳ぐらいかな。脳の中の視床下部《ししょうかぶ》の命令で、すぐ下の脳下垂体《のうかすいたい》が「性腺刺激《せいせんしげき》ホルモン」＝ゴナドトロピン」の分泌を始めるんだ。これが男のコの思春期の始まりさ。

❹うずうず

性腺刺激ホルモンが精巣へ届くと、こんどは精巣が、「アンドロゲン」などの〝男性ホルモン〟を分泌させる。この男性ホルモンが、性器の発達、ヒゲ、体毛、声変わり、逞しい骨格と、男らしいからだを作る元締めになるってわけ。

❺誕生

そしていよいよ精巣は、僕の製造開始！　これからずーっと、年中無休の24時間営業で、毎分5万人も、作って作っていっーぱい作ってくれる。

❻育つ

できたてホヤホヤではらぺこの僕たち。隣の副睾丸《ふくこうがん》へ行って、栄養を与えてもらう。ここで約6週間。ようやく一人前の〝男〟になる。

❼出る＝射精《しゃせい》

一人前になる頃、副睾丸はもう満員。まず精管膨大部《せいかんぼうだいぶ》（精管が前立腺に入る末端部）へ移動して↓精のうから栄養をもらって運動神経を磨いて↓前立腺《ぜんりつせん》で前立腺の分泌液と混ざって↓精液になって↓クーパー腺のクーパー腺液を道先案内人に↓尿道を走り抜けて↓ドッバーッと出るっ。これがうわさの「射精」なんだ。男のコとしては、大変気持ちがイイ。オーガズムの瞬間ってわけさ。

さて、精通《せいつう》だけど

この生まれて初めての射精を「精《せい》通《つう》」と呼んでいる。眠っている間に起こるコもいるし、マスターベーションで起こるコもいる。女のコの初経と同じだね。でも悲しいかな、誰も僕のためにお赤飯は炊いてくれない。ちなみに北村先生の精通は中学2年の夏で、朝起きたらパンツがびとっと濡れてて、寝小便かと思って、あわててパンツを裏返して、ヒップで乾かして……笑うなヨ！

さて、精液《せいえき》について

1回の射精で、精液は3〜4cc。大半は前立腺の分泌液で、誓って言うけど、オシッコは混ざってない。カルピスの原液を2倍に薄めたような液だけど、味は全然違う。

僕たち精子の仲間は、1回の射精で、3〜4億人！ も出てくるゾ。

さて、勃起《ぼっき》について

ペニスが硬く、長く、太くなって角度も上を向くこと。ペニスが『立つ』とも言うね。大脳が性的刺激を受けてコーフンすると、本人の意志とは関係なく、脊髄《せきずい》の勃起《ぼっき》中枢《ちゅうすう》が『立て』の命令を出すんだ。と、ペニスを構成する「海綿体《かいめんたい》」に血液がどどっと流れこんで〝ピピンッ〟と立つ。案外単純な仕組みなんだ。

ついでに「朝立ち」だけど

男のコが朝、目を覚ました時、ペニスが勃起してること。何もえっちな夢を見てたワケじゃなく、睡眠中の脳波の刺激で勝手に立ってる。その証拠に目覚めてしばらくすれば、すぐ元に戻るヨ（ホントにえっちな夢を見てると、眠ってる間にしばしば射精する。これを「夢精《むせい》」と呼んでる）。

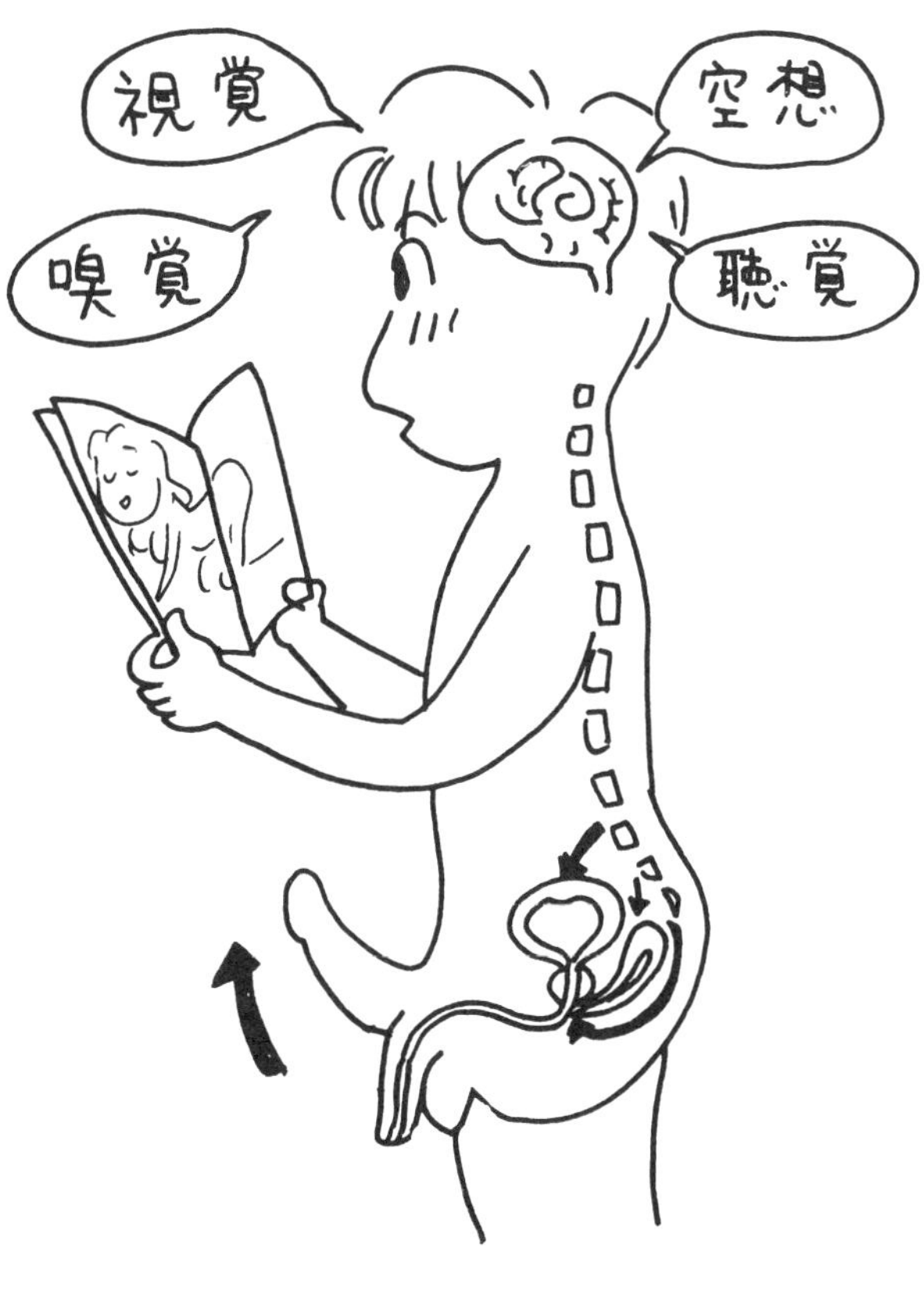

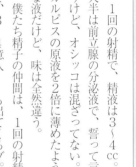

【カレに教えてあげよう】男のコの疑問Q&A

自分のからだと仲良く付き合っていくのは、案外ムズカしい……。男のコたちもひそかに悩んでるんですね。Dr.北村が、男性の先輩として、貴重な体験アドバイスを。

Q マスターベーション やりすぎはヤバイ?

僕なんか、右手の青春（左手でも、両手でも好きにしてくれ）に感謝状の3つ、4つくらいあげたい気持ちでいっぱいだ。右手の青春が今の僕を作ったことは疑う余地がない。そのために望まない妊娠やSTI（性感染症）を回避することができたのだから。

　高校時代、ヤリたい気持ちは頭のてっぺんから足の先まで満ち満ちていたのに、チャンスがない、パートナーがいない。仮にパートナーがいたとしても、受験勉強に明け暮れ、未来への希望に溢れ、セックスの向こう側の落とし穴にはまりたくないと考えた僕の場合、「受験に成功したら性交しよう」と自分自身に言い聞かして頑張った。言い聞かしたところで、ヤリたい思いは解消されるわけではない。だからヤリまくった。

　これでもかこれでもかと繰り返す右手の青春。射精に伴う快感をからだ全体に感じとりながら、再び森一郎の「シケ単」に向かった日々。忘れもしない。だから君たちに声高に言いたい。「やれるなら、朝までヤッテみよう、右手の青春」。人間極限を体験してこそ、自分にとっての適度がわかるってものだ。大いにおヤリ、ヤッテヤッテヤリまくって、かけがえのないに青春の火を燃やし続けるのだ。

Q 僕のペニスは大きい？ 小さい？

どうして大きさにこだわるのか。でかいとどんなメリットがあり、小さいと問題があるのか。「セックスするとき、女の人はでかい方が快感が強いのでしょ！」との質問があった。愚かな男たちよ。君のペニスなんて、女性の快感づくりにどれだけの役割を果たせるというのか。ペニスをチツに挿入したところで、何が起こるというのか。チツというのは女性の器官の中でも、鈍感極まりない場だ。タンポンなんか入れて平気のへの字で水泳したり、勉強しちゃったりする。敏感だったら子どもなんか産めない。3000gを超える巨大生物の、子宮から地球をつなぐトンネルの役割を負っているチツ。そのトンネルに挑もうとする男どものペニスなんて、大同小異でしかない。あえて言おう。「君のペニスは、とるに足らないほど小さいために、闘いの相手とはなりえない」ということを……。

　僕たちのからだは超合金合体ロボットとは違うんだ。学校のトイレで見られると恥ずかしいからちょっと大きめDタイプ、帰宅後は普通でいいやBタイプなんてわけにはいかないのだから。

　ペニスの長さは勃起して4〜5㎝で十分というのが専門家の共通した見方だ。オシッコ、射精、セックスという三大仕事を成し遂げるペニスに大小の煩《わずら》いは無用。ただ、15歳を超えても、声変わりなし、性毛なし、ペニスの発育悪いの場合は専門家に相談のこと。

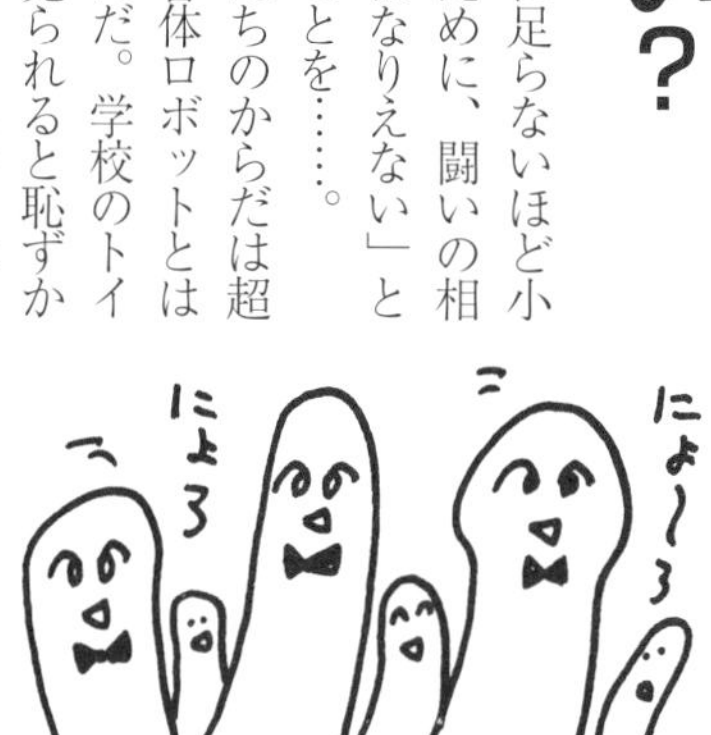

Q 包茎《ほうけい》なんだ 手術しないと嫌われる？

誰に嫌われると恐れているのか。女のコ？ ベッドインの場面でか？ ペニスとの本格的な初めての出会いの女のコが言うか？「ねえ、君のペニス、包茎じゃん！」と。そんなオンナ捨てておしまい。「顔に似合わず、男性経験が豊富だったんだな」と。

手術が必要な包茎はほとんどないと考えていい。その大半が仮性包茎なんだから。日本ではきちんとした調査はないのだが、高校生くらいならば包茎率7割から8割。確かに、包皮をむこうと試みても、困難を極めるという場合がないわけではないけど、石鹸を使うとか、クリームを使うなどして、慌てず騒がずねんごろに時間をかけて、ムキムキを試みれば、亀頭の完全露出にきっと成功するだろう。そうなったらしめたもの。手術の必要はない。どしても、どおしても、どおーしても、どしてもダメだったら、あらためて相談すること（☎03-3235-2638）。

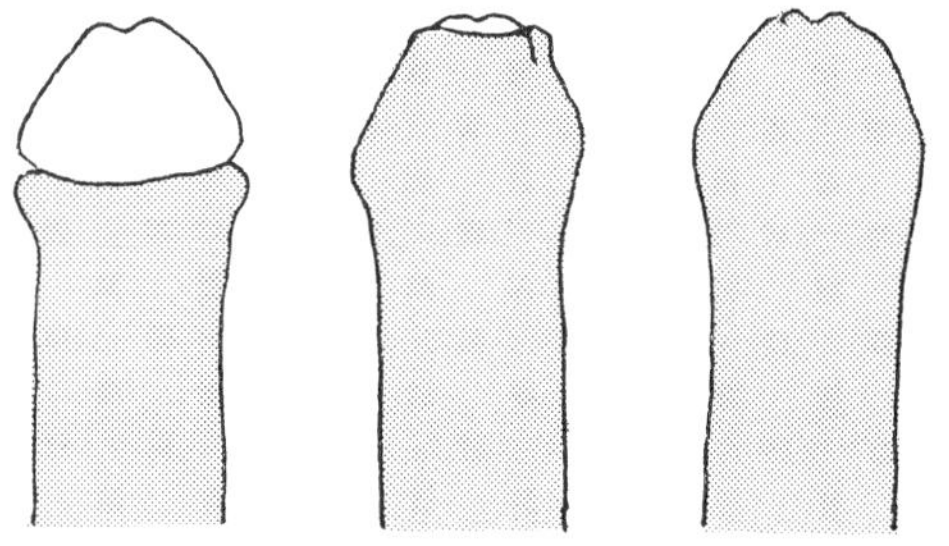

包茎でない状態
いつでも亀頭が露出している。常に皮むけ状態。

仮性包茎
勃起したり、手で皮をむこうとすれば、皮がむける。

真性包茎
勃起しても、手でひっぱっても、どーしても皮がむけない。

真性包茎を放置すると、ペニスの発育が抑えられたり、オシッコの出が悪くなったり、あげくは腎臓に障害が起こったりと問題あり。手術は避けられない。

日本には保険医療制度が整っているのを知っていると思うが、仮性包茎の手術は保険の適用ではない。医学界の常識の線がそうだってこと。せめて、不潔で悪臭を放つ恥垢《ちこう》をためることがないように、せっせと洗い続けて多少の刺激ではびくともしないたくましいペニスづくりを心掛けてくれ。

Q 早漏《そうろう》なんだ 自信ないなぁ

頼むぜ、まだまだ自信なんか持たないでくれよ。僕たちは人生80年をかけて性の達人を目指そうというのだから……。早漏OK！ 失敗を繰り返し、恥ずかしさを乗り越えて、階段を上り詰めていくんだ。

早漏とは行為が始まってから射精までの時間を問題にしているわけではないんだ。セックスは、そもそも愛する二人の出来事。だから身勝手は許されない。自分ばかりの快感のための行為ではルール違反。早漏とはルール違反という意味だ。できればクライマックスは二人で……。だから、早くイッテしまいかねない経験の浅い男のコは、ペニス勝負は後回し、ペニス以外の触れ合いのすべてを駆使して、女のコの幸福づくりに励むのだ。女のコの「最高！」を感じとった後だったら、1秒射精だって立派な男。

Q インポになったら どーしよう

インポ＝インポテンス＝勃起《ぼっき》不全。インポになったらどうしようと悩むのではなく、インポになったら悩まず気分リフレッシュ、ペニス休めを心掛けようと言いたい。確かに、いろいろな原因のために、ペニスの元気さが失われることはあるものだ。ペニスだって生き物だから、病みもしよう。疲れもあろう。でも、大人たちにみられるような糖尿病や、神経障害などのためのインポは稀。妊娠やSTI恐怖、パートナーから傷つくことを言われた、体力を超えてのマスのし過ぎなど精神的なインポが主流。だから解決の道はないわけではない。

そんな時、インポになったら慌てず、騒がず、「ムスコが休みたがっているみたいだ。でも僕が君を愛する想いはムスコの比ではないからね」と言って、彼女を抱きしめるのだ。

失敗しないA・B・C

FOR SEX

「嫌は嫌」「好きは好き」と言えるかい？

私の素敵な分身探し

女性はどうして男性を求め、男性は何を理由に女性を選ぶのか。

ギリシャ神話の中に出てくるアンドロギュヌス（両性具有）の話をしよう。アンドロギュヌスとは、奇怪な動物だった。頭が二つ、手が四つ、足が四つ。ちょうど二人の人が背中合わせに結合しているような状態なのだ。だから騒々しかった。自由がきかなかった。「山に行きたい」と一方が言えば、「山なんかいやだ、海がいい」という具合だから、欲求の満たされないアンドロギュヌスは、苛立《いらだ》ちを隠せないで、大声を出す始末。その様子を見ていた神様は、なんて騒々しい奴だとばかり二つに分断してしまったというのだ。「自由にしてあげたのだから、どこにでも好きなところへお行き！」

やっと解放されたアンドロギュヌスの分身たちは、好き勝手な生活を始めた。しばらくの間は、自由を満喫していた分身ではあるが、辺りが暗くなる頃に、ふと寂しさが募ってきた。

「私の分身はどうしたのだろうか」

「元気で生きているかな」

そんな想いをきっかけに、互いの分身探しが始まったという。これが思春期のはじまりはじまり。

結婚式の披露宴で、赤い糸で結ばれた二人の話を耳にすることがあるだろう。赤い糸を手繰《たぐ》って、「この人かな」「あの人かな」と探し歩くことが、分身探しの姿なのだ。そもそもは、同体であったわけだから、仮に性格の違いはあったとしても、大本ではきっと結びついているはずだ。長い間一緒の生活をしていたのだから、習慣などにも大きな隔たりがあるとは考えられない。だから、分身は意外と身近な所に居るはずだ。

学校帰りに図書館へ行くことを日課にしている女のコ、きっと図書館の片隅で本を探している男のコに気づくだろう。それ分身です、きっと。日曜日になると、私服で街中を遊び回っている男のコ、君の遊んでいるゲームセンターでゲームに興じている女のコが分身かもしれないよ。

いずれにせよ、こんなことは絶対にありえない。

「俺はさ、勉強嫌いで、生活目茶苦茶。だから分身は、まじめな女のコに限る」

これではちょっと調子が良すぎはしないか。それでは期待する分身との出会いはどうしたら実現できるのか。今なら間に合うぞ。「人にして欲しいと思うことを自分もその通りにしなさい」という言葉があるんだ。これが分身探しの秘訣。ということは、「女のコにはこんな人が理想だな」と思うならば、自分もそんな理想に向かって努力するんだ。そうすれば、きっと近いうちに、自分と同じように魅力的で素敵な分身に出会うことができるに違いない。

セックス、僕の考える理想型

妊娠してクリニックを訪れる女のコの様子を見ていると、なんともやるせない気持ちになることがある。本気でセックスしたわけではないのを聞かされることが多いからだ。しかし、そんな女のコであっても、妊娠を回避するための努力を怠っているのだ。

「セックスしたかったのか」の問いに、「別に？　でも彼が熱心に求めてくるし、拒絶して嫌われたら困るし……」と言うのだ。嫌われたくなかったからセックスしたというのだ。自分の意志でセックスするというのならばまだしも、主体性を失ってのセックスなんて許せない。セックスってそんなものじゃあないんだ。

そこで先輩としてのセックス論を一つ。セックスは子どもづくりだけの行為ではない。一人の女性が一生の間に産む子どもの数が、1.4人程度（日本の場合）の今日、

子どもづくりを目的としたセックスなんて、ほんの取るに足らない程度でしかない。大半のセックスは、素敵なコミュニケーションの手段というか、明日への活力源というか、快楽追求の道というか、そんな感じだ。

それではなぜ、セックスは楽しいのか。理性を捨て、常識を超え、社会性を忘れ去ることのできる行為だからだ。毎日、毎日、本音と建て前を使い分けての生活に疲れ果てた僕たちにとっても、セックスの場だけは違う。本音一辺倒で迫ればいいんだ。もちろん、相手を思いやる心を忘れるわけにはいかないけれどね。社長であろうが、正社員であろうが、フリーターであろうが、大卒であろうが、中卒であろうが、そんなこと全然関係ない。やることは全くといっていいほど同じ。一番の楽しみはといえば、愛し合う二人が、対等な関係で時を過ごせるということだ。互いに求め合う結果であって、決して無理強いはしない。嫌な時は嫌と素直に言える、だからといって、トラブッたりしない。だから楽しいのだ。相手の立場に立って考えたら、望まない妊娠やSTIの問題を引き受けるような行為であってはならない。きちんと避妊、しっかりとコンドーム、これが最低条件。

だからNOと言えないのはおかしい

だからNOと言えないのはおかしい。NOと言えない関係でのセックスなんて、セックスの理想型からはほど遠いと考えるべきだ。彼に強く求められたから拒否できなかったとか、嫌われたくなかったからでは頂けない。無理強いする男性なんて、捨てておしまい。雰囲気に流されてなどといってセックスをしているから、避妊もできない、STI予防にも無頓着になってしまうのだ。やりたかったらやるんだ。自分自身の意志で。やりたくなかったらやるんじゃない。自分自身の意志で。それができないようなら、セックスを愚弄することになる。セックスなんてやめておしまい。

「嫌なことは嫌」と言える勇気を持とう。「好きなことは好きと言える気持ち」だって大事だ。

ただこれだけは知っておく必要がある。この日本では、中学生や高校生の妊娠、親のすねをかじっている世代の妊娠は歓迎されないってこと。アメリカやカナダなどでは、望む望まないにかかわらず、妊娠した場合、女のコの産む権利を守ってあげようという体制ができている。単に宗教的な意味からでなく、長い間培《つちか》われたその国の伝統なのかもしれない。だから未婚の母の家があったり、ベビーシッター付きの学校があったりする。日本ではとても考えられないことだ。日本の高校であれば、妊娠が発覚しただけで、退学、しかも聞こえのいい自主退学が関の山。だから望まない妊娠は禁物だ。「やりたいならばおやり」と言ったが、やりたくなったら正確な避妊法を身に付け、それをきちんと実行できるまで訓練に訓練を重ねてからOKサインを出すくらいの用意周到さが必要だということをお忘れなく。

君たちが鍵を握っている

僕を愛し続けていってくれないか
争うことをしないで
いつまでも続く愛
どんな障害があったって
僕たちには解決できるさ
僕たちの夢を実現するために

未来からたくさんのものを与えられるだろう
僕たちに明日があるならさ
僕たちは鍵を持っているんだ
そのときまで
たわいもない遊びはやめよう
そのときまで
別な形で僕たちの愛を育もう
僕たちの夢を
きっと実現するために

（カナダ家族計画協会作成）

カナダでの出来事だった。ある高校を訪れた時に、トイレにコンドームの自動販売機が置かれている光景を見てビックリ。避妊にとどまらず、ＳＴＩ予防の実践教育にも役立っているという。「このアイディアは誰の発想？」の問いに、「決して親や学校が積極的に置こうと計画したわけではありませんよ。生徒からの強い要請に動かされたんです。『マーケットや薬局では恥ずかしくて買えない。避妊やＳＴＩの性教育をするのならば、自分たちの手に入れやすい所にコンドームがなかったら意味がない』」と。もっともだとは思わないか。知識教育には励みながら、それを君たちが実行するとなると目くじらを立てる大人たち。君の財布にコンドームでも入っていたら怒り心頭だろう。「望まない妊娠なんか絶対しないでよね」と日頃口を酸っぱく叫んでいる先生や親であったとしても……。

そんな中で、カナダの高校生と交わした議論が、実に説得力をもって響いてくる。

「望まない妊娠。かりに出産しても子どもが子どもを育てるのは経済的、社会的問題を抱えることになる。そんな十代の妊娠が最近話題になっているけれど、高校生がセックスに走ることについてどう考えますか」

不躾《ぶしつけ》な質問を彼らにした時だった。

「僕たち若者は今まで黙《だんま》りを決め込んで口を開かな過ぎたように思います。セックスは僕たちにもすごく大切なものなのです。触れ合いによるコミュニケーションって素晴らしいものです。だからこそ、妊娠や避妊やエイズを含めたＳＴＩのことについても、恐れることなく知識を深めなければならないんです。セックスは大人たちの特権じゃないってことも僕たちがもっと声を大にして叫んでいかなければ……」

お国柄の違いで終わらせたくない言葉だ。失敗しないＡＢＣのために、君たちも真剣に愛について、性や避妊や妊娠やＳＴＩについて考えてみないか。

セックス適性テスト

ＹＥＳとＮＯでお答えください。ＹＥＳが１つで、マイナス10点です。ガンバリましょう。

- 彼に嫌われたくないから、求められたらきっとセックスすると思う。
- 避妊は男のコがしてくれるものだと思う。
- 避妊してほしいなんて、恥ずかしくて言えない。
- 避妊について、ちゃんと勉強したことがない。
- STI＝性感染症は、普通の女のコのかかる病気じゃないと思う。

－100点・－90点	：今のあなたにセックスをする資格はありません。
－80点	：自分のからだをよく見つめてください。
－70点・－60点	：もっと、女のコとしての自立を心掛けましょう。
－50点	：STIと避妊について、しっかり勉強してください。
－40点～－10点	：この本をよーく読みましょう。
－０点	：素敵なパートナーとの出会いを祈ってます♪

- 今まで妊娠したことないから、避妊はいーかげんだ。
- コンドームなんて、見たことない。
- 初対面の男性と、コンドームなしでセックスしたことがある。
- STIなんて、マジに考えたことはない。
- クリスマスに〝私〟をプレゼントしてあげたんだから、シャネルのバッグぐらいもらって当然よ。

－100点	：セックスをやめて、頭を冷やしましょう。
－90点	：自分勝手な男性観をおおいに反省してください。
－80点・－70点	：避妊やSTIについて、しっかり勉強して、自分をもっと大切にすべきです。
－60点	：パートナーと性について真剣に話し合いましょう。
－50点～－30点	：この本を２回、よーく読みましょう。
－20点・－10点	：この本をよーく読んで。
－０点	：お幸せに♪

- 避妊なんて、考えたことがない。
- 未婚でピルを飲んでる女は、遊んでるヤツだと思う。
- コンドームは感度がニブるから、できるだけ使いたくない。
- Ｈな店には行かないから、エイズなんて自分には関係ない。
- もしSTIにかかっても、彼女には言えないと思う。

－100点	：一生セックスしないでいただきたい。
－90点	：自分勝手な女性観を猛反省してください。
－80点	：STIや望まない妊娠がもたらす不幸について、女性の立場で考えなさい。
－70点	：パートナーと真剣に〝性〟について話し合いなさい。
－60点～－40点	：この本を３回よーく読みましょう。
－30点～－10点	：この本をよーく読みましょう。
－０点	：彼女にヨロシク♪

女のコ 初心者編

- ●月経の記録をつけていない。 □
- ●基礎体温を計ったことがない。 □
- ●自分の性器をきちんと見たことがない。 □
- ●自分のからだやプロポーションに自信がないからセックスはしたくない。 □
- ●友達にセックス経験があると聞くと、まだの私はあせってしまう。 □

女のコ ベテラン編

- ●セックスしたくない日でも、求められたらイヤと言えない。 □
- ●感じてなくても、感じているフリをすることがよくある。 □
- ●セックスの回数と愛情は比例すると思う。 □
- ●彼のペニスを「ちっちゃーい」と言ったことがある。 □
- ●前の彼とは、セックスがヘタだから別れた。 □

男のコ編

- ●女は処女にかぎる。 □
- ●女のイヤよは、イイのうちである。 □
- ●月経と排卵の区別がつかない。 □
- ●男の価値はペニスで決まる。 □
- ●Hビデオやサイトで、テクニックの研究に余念がない。 □

セックスの前に読む　ステップアップA・B・C

YESとNOの言える女のコになろう

女のコは恋に夢中になると、つい自分を見失いがちです。彼の好みのカワイイ私、画面いっぱい、バラの花。そんな時セックスを迫られると、実はイヤでもイヤと言えません。

「熱心だから、悪くって、つい」

「断ったら、嫌われそうで、つい」


気がつけば、ああ、彼のいーなり。しかし人生にはリスクがつきもの。明日、彼の態度は豹変するかもしれません。今度の月経は来ないかもしれません。さあ、自分で責任がとれますか？　メゲずウラまず、現実を乗り越えていけますか？

「あの日あの時、NOが言えてたら……」

後悔するなら、セックスはしないことです。あなたの人生のプロデューサーは、あなた自身。他人（彼）をあてにせず、自分で仕切って初めてオトナの女性です。頭を冷やして、まず何でも正直に話し合える、対等な関係をつくることが先。さもないと、YESもNOも自分の意志で言えるようにはなりません。

避妊について正しい知識を持とう

このYES・NO、避妊の場面で特に大事です。思春期になって、とうに初経を迎えた女のコと、精通を体験した男のコ。生物学的に言わせていただくと、お二人は常々『生殖能力』を獲得した個体です。

つまりセックスをしたら、妊娠する。


おめめをウルウル星にしていたら、明日は立派に種の保存です。

「避妊してなんて、恥ずかしくって、言えなくて……」

「だから、避妊は彼にまかせてたのに……」

どうしてくれるの！

悲しいことですが、日本では年間20万件弱の中絶手術が行われています。その50%近くを30代以上の女性が占めています。子どもがいるベテランたちでさえ、『望まない妊娠』は避けきれない。そうです。

避妊は甘くありません。

必ず二人で話し合い、お勉強して、実行準備。それまでNOと言い続けるのは、妊娠するからだを持つ、女のコの責任です。

からだの欠点は口にチャック!

セックスはパートナーのあるがままを認め、受け止めることから始まります。からだのすみずみまで、相手のかけがえのない個性と思って、愛せちゃう。それがセックスの本道。

親からいただいて、本人の努力でどーなるものでもない肉体に文句をつけるのは、言語道断です。

セックスを素敵なものにするのは、二人のハート。おっぱいや性器や、ペニスの色、形には何の責任もありません。無神経な男のコの文句には別れも辞さず、断固抗議してください。同時に女のコの「ちっちゃい」「へたくそ」の二大セリフも禁句中の禁句です。彼は一生立ち直れずに終わります。

STIにも気をつけて

若いカップルが、妊娠以上に無関心で、困った結果に陥るものにSTI＝性感染症（→P.110）があります。セックスを介してうつる病気をひっくるめた総称ですが、その数約20種類。かつては性病と呼ばれて、梅毒、淋病が代表選手でした。その後は、クラミジア、性器ヘルペス、エイズが新たなトレンドの座についています。つまり、**STIには誰でもかかる可能性がある。**

セックスは、自分と相手、両方の健康に責任を持つだけの覚悟が必要です。軽はずみなワンナイトラブは、決してしないこと。コンドームを正しく使って予防に努めること（→P.80）。性器やおりものの状態に注意をはらうこと。病気の検診を積極的に受けること。もしかかってしまったら、パートナーもきっと感染していますから、必ず二人で治療を受けること。ケンカするのは、病気が治ってから。セックスは楽しいことばかりじゃないゾ。

はやりのフク
はやりのアクセサリー
はやりのインテリア
はやりのSTI
う
STI？
性病
はぁ

AVの嘘にはだまされない

AV、Hサイト、出会い系。これも時代のはやりもので、男のコなら興味津々が普通です。まして今どきは、モデルも女優もアイドル級。演技もそこそこキマッてますから、のめってしまう困ったクンも続出です。

しかし彼女たちにとっては、あくまでビジネス。**決して一人の人間として、心や生活を表現しているわけではありません**（芸術とAVはここが違う！）。それを承知で見ていただかないと、大迷惑。現実の女のコも、TVのスイッチをかえるのと同じぐらいお手軽で、男のコの自由になる。ムリに押し倒しても、しまいにゃヨロコブと、とんでもないカン違いをやらかすからです。

あなたがYES、NOをきっぱり言うのはまさにこの時です。正々堂々、あなたの女性としての生き方を語ってください。それでも人の心の分からない男なら、こっちから三下り半を！

ベッドの上でもYES、NO

AVに限らず、文芸映画も、小説も、ベッドシーンはめくるめいてます。このためセックスが現実のものとなった時、多くのカップルは「こんなはずじゃない」と落ち込みます。女のコには、『感じてるフリ』をしてしまうコまでいる。「彼に悪いから」「不感症と思われたくないから」……。本当なら、一番正直に自分を語れるはずのセックスの場での、嘘。悲しすぎる話です。

男のコも女のコも、持って生まれた性の感性は、一人一人違います。心のありかたでも、日々変わっていきます。他人のつくったマニュアルをうのみにしてはいけません。

ベッドの上でも、YESとNOをきちんと相手に伝えてください。したくない時、したい時、して欲しいこと、イヤなこと、ありのままのあなたの気持ち、すべてです。セックスはお互いの感性を認め、信じて、育んでいくから、豊かなものになる。心を寄せあって時を待つことだって、二人のセックスの素敵な形なんです。

女のコが避妊の主役になろう

BIRTH CONTROL

自分で守れ。君のからだ、君の人生

「会いたくない」とは言うけれど……

18歳の女子高校生だった。妊娠14週。初期中絶の時期（妊娠12週未満）をもう2週間近くも過ぎていた。以前ペッサリー（→P.76）の指導をこのクリニックで受けたことのある女友達に付き添われてやって来たのだ。

「きょう、彼は?」「2カ月前に別れたんです。できればもう決して会いたくない」と。妊娠の確認が遅れたのも、そんなところに原因があったのだろうか。彼……28歳、社会人。

「それにしても妊娠って、一人でできるものではないし、早速彼に連絡をとった方がいいよ。中絶の費用や同意書の問題もあるし」

彼を説得できたからか、数日後一緒に来院した。社会人とはいえ、今流行のフリーターを自称する彼、何となく粗暴さを感じさせる男性だった。
「妊娠の事実を知らされた時の気持ちは？」
「ミスっちゃった、参ったなあって感じ。ところで、先生、当たったのはいつのことですか」
「どういう意味、身に覚えがないとでもいうの？」
よくあるタイプの質問だった。何としても自分の責任を逃れたいから、自分とは関係ないところで妊娠が起こっているのではないかと疑惑を抱くのだ。彼も例外ではなかった。同意書にサインすることについても、「そんなことすれば、俺の責任だってことを認めることになるから嫌だ。誰か他の男の名前を借りられないか」と言い、中絶費用についても、「残念だけど、俺ね、今貯金ないんだ」と言い切り、「費用は折半」と求めた。28歳の男が18歳の女のコに向かってだよ。男を見る目に欠けていたと嘆いたところで後の祭でしかなかった。

俺の子だって証拠は

涙ながらの中絶を求めてきたのは、高校2年生。相手は1歳年上の先輩だった。でも、彼はこうやって彼女が中絶している事実を知らない。「彼、今就職試験の真最中なもんですから、心配させてはいけないと思って」というのがその理由だ。手には友人からかき集めた中絶費用を持っていた。

それから1年後、再びの妊娠。でも、女のコの目に涙はなかった。なんだかモヤモヤとしていたものから吹っ切れたような、さわやかな表情さえあったものだから、僕の方が面食らってしまった。

既に社会人になっていた彼に、自分の素直な気持ちを伝えようと、彼女は彼の前に立ったのだ。「妊娠したみたい。でも、私、産みたい。大好きなあなたと結婚したい」と。高校3年生になっていたから、うまくすれば学校に知られずに卒業し出産ができると考えたのだ。2度目の妊娠であることも告げた。しかし、彼から返ってきた言葉に、女のコは頭をガーンと打たれるようなショックを覚えた。

「俺の子だって証拠があるのか、おまえが俺以外の男とセックスしていないという証拠があるのか」と。

2年もの間、大事に育ててきた愛。将来を一緒に分ち合いたいと考えていた相手からの言葉としてはなんとも残酷過ぎはしないか。しかし、「俺の子だって証拠はあるるか」と問われて、答えることのできる女性はいるかい？「NO！」。「おまえが俺以外の男とセックスしていないという証拠を」と求められて、「あなただけ」と実証できる人がいるかい？「NO！」。誰もいない。「あなたを思う私の真剣な目を見て！」と叫んだところで、目には何も書いていない。精子に名前があるわけでも、卵子に名前があるわけでもない。受精したからといって、「北村命」と腹に浮き彫りされてくるわけではない。信頼関係が失われているカップルでは、こんな悲惨なやり取りだってあるのだ。

このような事例に接する度に、「男は逃げられる、女は

逃げられない」という言葉を実感する僕。妊娠は女のコが引き受けるものであることを声高に叫ばずにはおれない。

女性が本当の自由を得る道

だから日本のようなコンドーム至上主義に僕は賛成できないのだ。「妊娠するのは私、避妊するのはあなた」なんていう、のん気な考えで自分のからだを守れるのか。避妊を男性任せにしていていいのか。女性が主導権を握れる避妊法を最優先しないで避妊を完全なものにできるのか。

　セックスは二人の対等な関係の中で行われるべきだ。暴力によってとか、「まだ私自信がないから」といってためらう相手に無理強いするなどというのはセックスの理想からは遠いことだ。だから避妊についてだって対等。応分の責任を二人が負うことを、とがめられる理由はない。でも、これだけは忘れてくれるな。彼がコンドームを使おうが、使うまいが、膣外射精でセックスしようが、結果として妊娠が起こった時に、それを引き受けるのは絶対に男性ではないということ。避妊の怠慢や避妊の失敗としての妊娠、中絶、時には出産しようという場合もないわけではないが、そのすべてを女性が自分の身に引き受けるという厳然たる事実があることを、決して忘れてはいけない。

「彼は私のことを愛してるって言ってたのに」と言ったところで、後の祭。涙ながらに中絶を求める女のコを、僕はいつも苛立ちをあらわにして叱りつける。「涙を見せる場所が違うんだよ。どうして彼からセックスを求められた時に、『まだ高校生なので妊娠したら困るから』とか『私はセックスしたいという思いはない』と涙ながらに訴えられなかったんだ」と。

　日本の過去だってそうだった。女性に、産むか産まないかを選択する権利が与えられていなかった。拒否することが許されていなかった。だから、男に求められるままに、妊娠し、産み続けた。「産めばなんとかなるさ」という僅《わず》かな希望の中で産んだ。妊娠、出産だけでなく、その結果としての育児も、その大半を女性が引き受けて生きなければならないことをその後知った。男性の協力も得られないままの子産み子育ての連続。そして、やがて月経が止まり、ふと我に返った時、大層老けてしまっている自分に気づいた。慌てて人生をやり直そうと思ったところで、もう時間はなかった。

　女性は妊娠のマシンではない。産むか産まないかを決定する権利が女性にはあるのだ。それは女性にとって、自分の人生をどのような計画の中で生きるかを決める選択でもある。世界人口白書の中にも、こう書かれている。「女性が自分自身で出生力をコントロールすることは、女性が本当の自由を得るための道だ」

　産むか産まないかを考える前にしなければならないことがある。妊娠するかしないかだ。これを全うするために避妊がある。だから避妊を男性任せにはできないのだ。女性ができる避妊法を駆使して、望まない妊娠を確実に避けて欲しい。

女性が避妊の主導権を握るために

「彼がコンドームを使ってくれていたはず」と言いながら、彼のペニスにコンドームが付いているのを見たことがなかったという女のコがいる。射精後だってコンドームの中の精液の存在を確認したことがないという。男のコの性反応の仕組みをよく理解していないものだから、射精後コンドームをはずし忘れて、膣の中に置き忘れるカップル。これでは望まない妊娠から解放されることはできない。だから僕はあえてこう叫びたい。

「コンドームは避妊法じゃない」

君たちは「ウソッ！」と言うかもしれない。「避妊法なんてそれしか知らないもん」と。でも僕は頑として譲らない。「コンドームは避妊法ではない」。

どうしても、コンドームしかなかったらどうするか。ＮＯ　ＳＥＸ！　でも……とためらう女のコには、自分でコンドームを手にし、男のコのペニスに装着せよ、射精後は、自分の手で取り外せと言いたい。それぐらいの主体性なくして、避妊の確実な実行など不可能だ。

女性が主導権を握って避妊できるのがピル。最も確実で、あやまりなく飲めば、ほぼ１００％近く妊娠を避けることができる。現在、世界中で1億人以上の女性たちが使っている。日本でも、１９９９年から副作用の少ない、からだにやさしい低用量ピルが、医師の処方さえあれば、使えるようになった。アメリカでピルが承認されたのが１９６０年だから、世界に遅れること40年。でも、これでようやく、確実な避妊が保証されて、かけがえのない安心を自分のものにすることができるようになったのだ。

ピルは健康な女性が長い期間服用するので、副作用の研究が熱心に繰り返されてきた。低用量ピルは、その副作用を最小限に抑えることに成功したのである。

もう一つの朗報は、２０１１年に緊急避妊薬「ノルレボ錠」が承認されたことだ。コンドームが破れるなど避妊に失敗した時、あるいは避妊なしの無防備なセックスをした時、さらにはレイプなどの犯罪被害にあった時、産婦人科で72時間以内に緊急避妊薬を処方してもらえば、約90％の確率で望まない妊娠を回避できる。

以前は月経困難症などの治療に使う中用量ピルを、医師の責任と判断において緊急避妊薬として転用するしかなく、対応する医療機関が限られていた。１００％確実な避妊法はないのだから、女性の心と体を守る最後の砦として、緊急避妊法が社会に広がる意義は大きい。

「知らないのは愚か、知らせないのは罪」

僕は声を大にして緊急避妊法の普及に努めている。

確かに、男性にとっては今考えられる唯一の避妊法であるコンドーム。同時にエイズやＳＴＩを防止することのできる唯一の方法。でも女性の側からしたら、それは避妊の補助手段でしかないことをお忘れなく。「女性ができる避妊法を優先し、男性には避妊の補助手段として、ＳＴＩ予防の用具としてコンドームを使わせよう」。

これが君たちに向けての僕からの熱きメッセージだ。

避妊知識実力テスト⑳

○か×かでお答えください。回答はP.87です。

1 月経中はセックスしても絶対妊娠しない。 〔　　〕

2 15歳以下の男のコには、まだ妊娠させる能力がない。 〔　　〕

3 ペッサリーとは、男性のペニスにつける避妊具である。 〔　　〕

4 射精の瞬間、男のコが息を止めていれば、精子は酸欠で死んでしまうので、安心である。 〔　　〕

5 女性が上の体位なら、精液が流れ出るのでまず妊娠しない。 〔　　〕

6 セックスのあと、コーラや炭酸ジュースで勢いよく洗うと、妊娠しない。 〔　　〕

7 妊娠したくないと真剣に思っていれば妊娠することはない。 〔　　〕

8 月経不順なら、めったに排卵がないから、避妊の必要がない。 〔　　〕

9 オギノ学説とは「月経の前後1週間は妊娠しない」というもの。 〔　　〕

10 ピルは医師の処方せんがなくても薬局で買うことができる。 〔　　〕

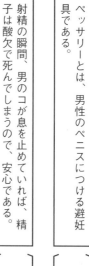

♥♥♥ 女のコの避妊講座 ♥♥♥

11 女子中学生が妊娠した例は日本ではまだない。 〔　　〕

12 精子は酸性に弱いので、コンドームがなければ、レモンの輪切りを膣に入れて避妊しておくとよい。 〔　　〕

13 コンドームは、彼が2枚重ねてつけると、破れにくいので安心である。 〔　　〕

14 膣外射精は、手軽で確実な避妊法なので、男のコはぜひマスターしておきたい。 〔　　〕

15 IUD（子宮内に入れる避妊具）は若い女性なら誰でも使えるが、高価なので人気がない。 〔　　〕

16 セックスのあと膣をビデで洗う洗浄法は、5分以内なら効果十分。 〔　　〕

17 射精を繰り返すと、精子の数が激減するので避妊の必要はない。 〔　　〕

18 コンドームは射精の直前につければよい。 〔　　〕

19 殺精子剤の錠剤は、セックスの前に女のコが飲む薬。 〔　　〕

20 基礎体温を計ってみて、それが低い間は妊娠しない。 〔　　〕

ドキュメント

「妊娠への道」

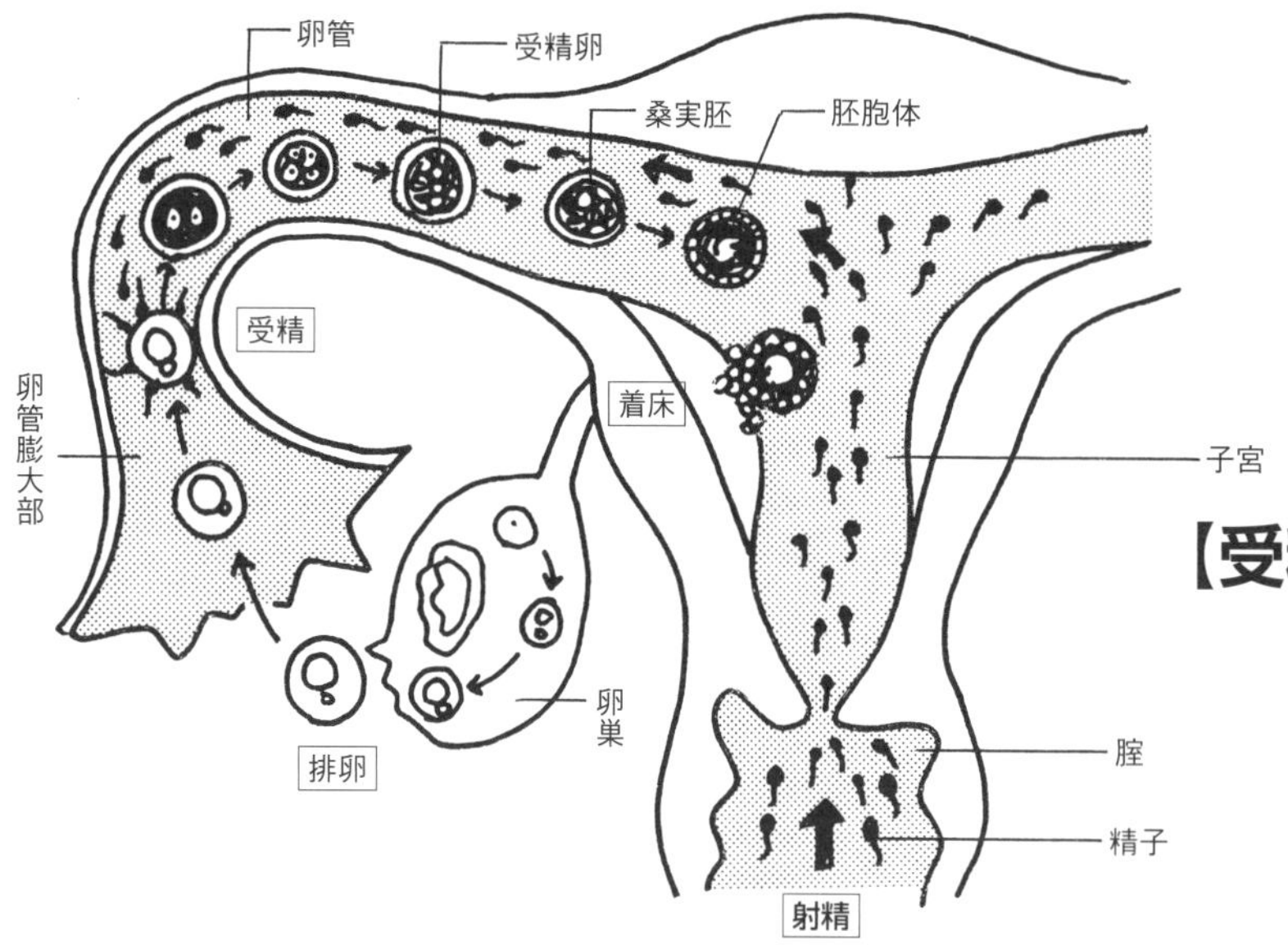

【受精のしくみ】

妊娠は①セックスをする→②卵子と精子が出会って、受精卵となる→③受精卵が子宮内膜に着床する。この3つのステップで成立します。避妊は、このステップのどれかをジャマすることですから、よーく覚えておいてください。

月経がある女性は（たとえ不規則でも）、基本的には排卵がありますから、セックスをすれば、常に妊娠する可能性が大アリです。そのこともよーく覚えておいてください。

❶まずセックスから

すべてはセックスから始まります。初めてでも、たった1回でも、ヨクてもヨクなくても、女性にとって不本意な例えばレイプのような場合でも、セックスというセックスは妊娠をもたらす可能性があります。

❷精子が入る

セックスすると男性の精子（精液）が女性の腟内に入ります。この時から精子たちの卵子を目指すサバイバルゲームが始まります。

❸精子は進む

精子総数、約3～4億人。おーっと、根性のない半数が早くも腟内で脱落。あーっと、子宮内でもポロポロ脱落。そしてとびきり生きのいい数百人が卵管まで勝ち残ります。

❹さらに進む

卵管は左右に二つ。排卵は交互。さあ、卵子はどっちだ？ 精子たちは確率2分の1のバクチに挑みます。

❺卵子と出会う

卵管膨大部《らんかんぼうだいぶ》に卵子がいた！ 精子たちは我先に卵子を取り囲みます。（子宮内での生存期間は、卵子が24時間、精子が3日間。妊娠のためには、これを合わせた4日間にセックスをすることが必要です。ただ、排卵日を正確に予想することは、大変に難しいし、中には7日間も生存したという長命精子もいたりして、避妊も大変に難しいことになります）

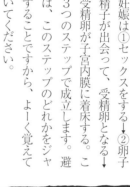

❻受精！

取り囲んで酵素を出し、卵膜《らんまく》をとかし、最もすばやい一人が卵子の中に頭からすべりこみをかけます。卵子はその瞬間、膜を張りその他大勢をシャットアウト。こーして4億人から選ばれた精子一名と卵子が合体し、晴れて受精卵となったのです。

❼受精卵は子宮へ

受精卵はさっそく細胞分裂を始め、卵管内の細い毛によって子宮内に送り込まれます。この間4～6日間かかります。

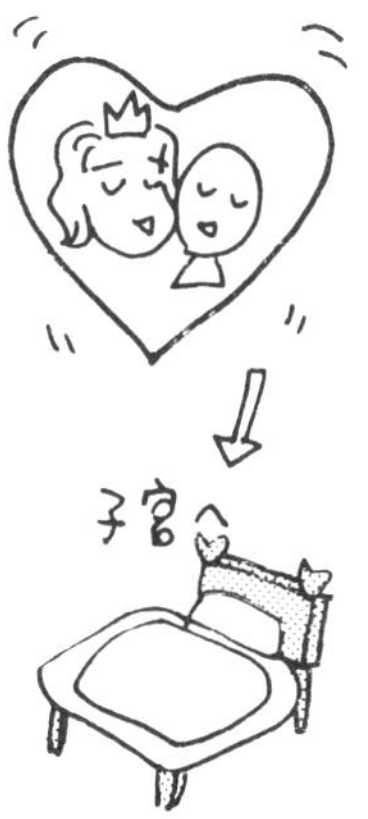

❽着床《ちゃくしょう》＝妊娠

その1～2日後、受精卵は子宮内膜（女性ホルモンたちが作った子宮内膜ベッドね）にもぐりこみます。こーしてあなたの妊娠が成立したのです。

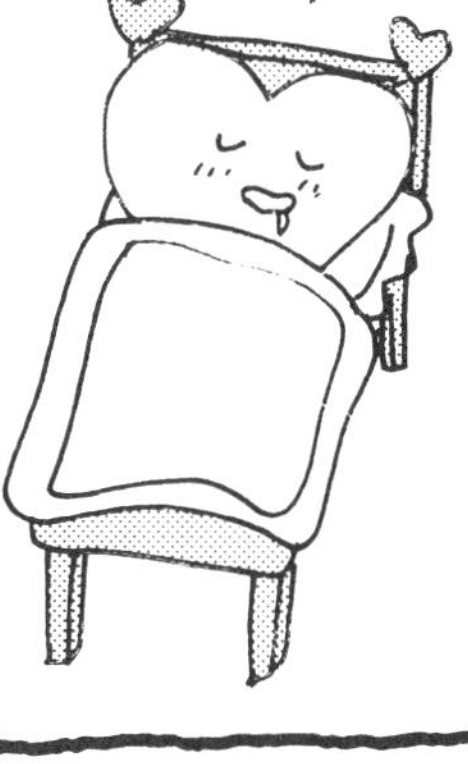

〈妊娠週数〉

※妊娠の進み具合の目安として、『妊娠週数』があります。スタートが0週、出産臨月が約40週です。

この0週はなぜか最終月経の初日から数えるので、表のように実際の妊娠成立である着床は3週、本人が気がつくころには、早くも5～6週となります。セックスライフを持ったら、月経のサイクルをよくチェックしておくこと、基礎体温も計っておくことを常々心掛けてください。

週数	月経サイクル	
0週	0～6日	ほぼ月経中
1週	7～13日	子宮はからっぽ
2週	14～20日	SEX＆受精
3週	21～27日	着床＝妊娠成立
4週	28～34日	本人は気づいてない
5週	35～41日	月経がこない
6週	42～48日	産婦人科へ行く

※月経周期28日型なら少し前へ、35日型なら少し後へずれます。

0週～11週	妊娠初期	胎児も本人もまだ不安定で、つわりのひどい時期です。
12週～27週	妊娠中期	胎盤が完成し、胎児は子宮の中に安定し、ぐんぐん成長します。おなかがふくらみ、胎動を感じます。
28週～39週	妊娠後期	胎児はひたすら成長あるのみです、見た目も堂々たる妊婦で、子宮は30cmまでふくらんでいきます。
40週前後	いよいよ出産	陣痛がはじまり、胎児が産道をくぐりぬけ出産です。平均で男児3300g、女児3100g。お疲れさまでした。

避妊法、あなたならどれを選ぶ？

若い女のコは、街で見かける妊婦サンたちと同じ『妊娠』を、まさか自分がするとは信じていません（あなたのことです！）。私は主婦じゃないもん。関係ないもん。

このため、セックスは一人前にしてしまうのに、肝心な避妊のお勉強はテキトーです。中には男のコに任せてヘーゼンとしてるコもいます（あなただってば！）。が、女のあなたがテキトーなら、男の彼はもっとイーカゲンです。いざという時、誰も助けてくれません。やっぱり望まない妊娠から、自分のからだを守るのは、自分しかいなかったのです。

避妊の正しい知識が必要なのは、妊娠するからだを持つ女のコです。よくよくお勉強してください。勉強したらこれこそが大切です。常に正確に、避妊を実行してください。

やってみればわかりますが、この実行は実にまったく難しいものです。セックスというのは誰でも多少は舞い上がる状況です。手違い、勘違いの凡ミスのたぐいは言うに及びません。はっきり言って、ど素人のくせに（あなた方二人！）手を抜きたくなるのです。

落とし穴に絶対ハマらないよう、女のコであるあなた自身が、最もやりやすく、かつ効果の高い避妊法を選ぶことが大切です。

現在、残念ながら、100％確実で、かつ100％安全な避妊法はありません。どれにも少しずつデメリットがあります。それぞれ、手間もお金もかかります。あなたの性格、パートナーの性格、二人のライフスタイル。二人でしっかり話し合い、何がベストなのか。最後は女のコが納得できる方法に決めて、びしばし実行してください。

名称
実体
メカニズム

売り場
値段
失敗の可能性
長所
短所
副作用

A セックスしない	B IUD P.74	C 基礎体温法 P.34	D ピル P.68	E コンドーム P.78（男性用）
	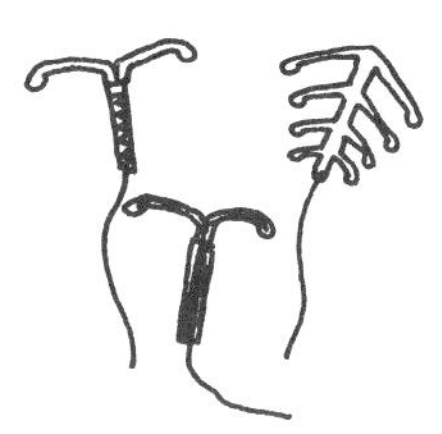			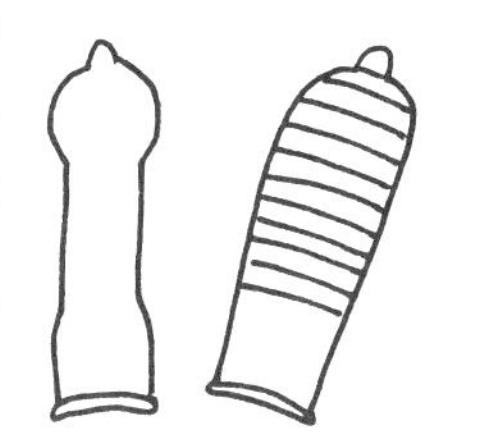
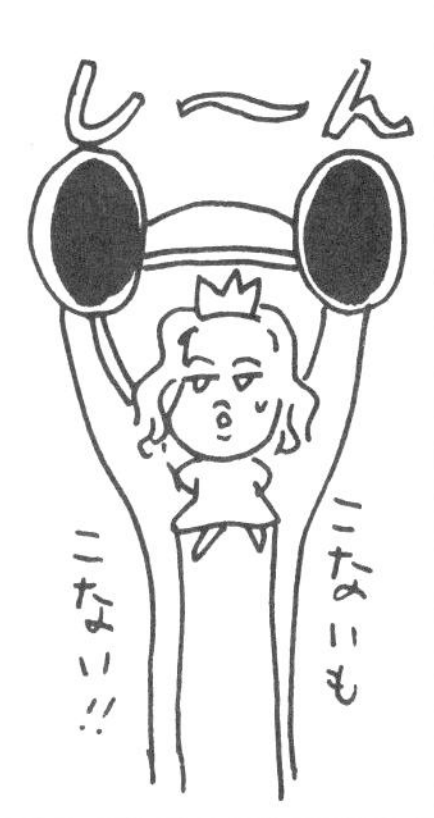	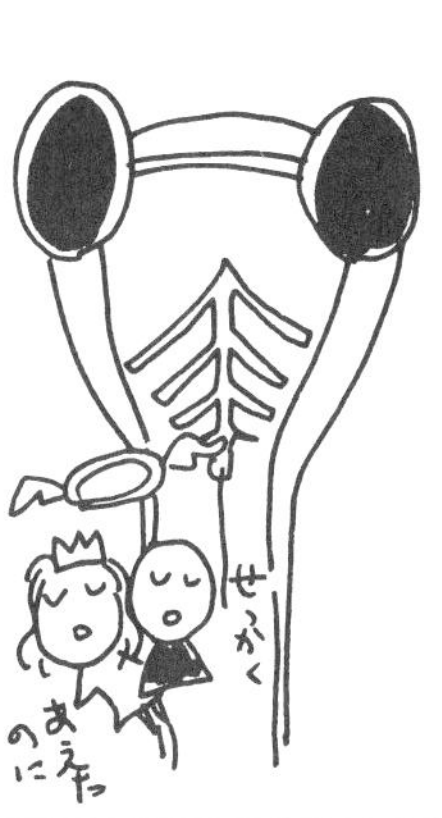	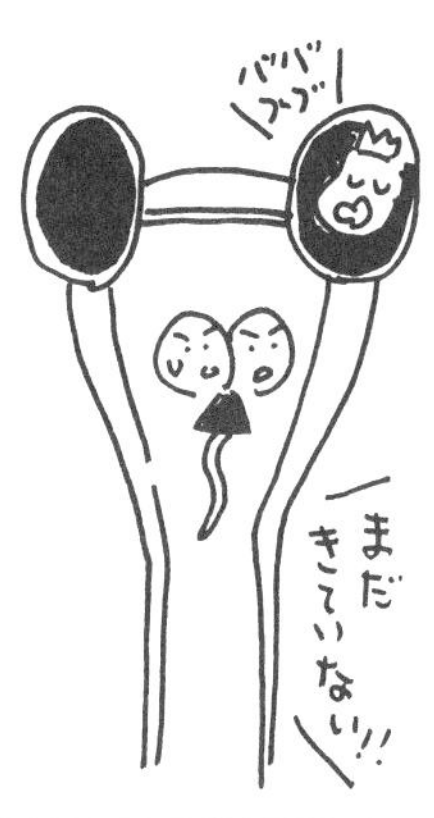	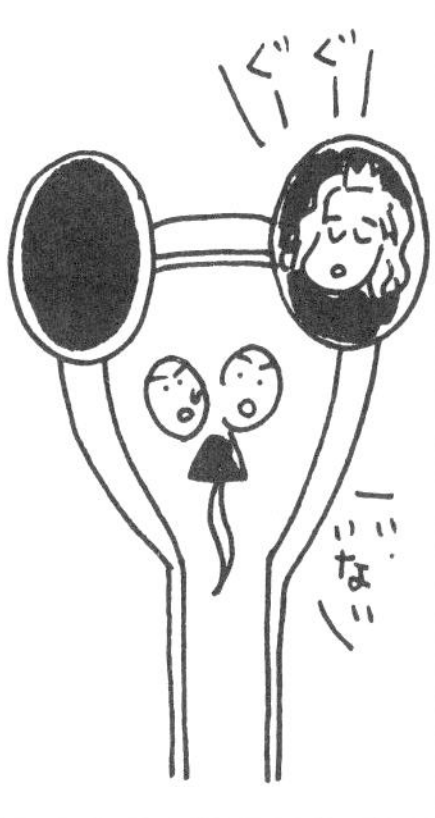	
セックスしなければ、精子が女性の膣内に入ることはない。	子宮内に装着し、受精卵が子宮内膜に着床するのをジャマする。	基礎体温の変化から排卵日を推定し、危険日はセックスしないか、他の避妊法を使う。	女性ホルモンの入った薬を飲むことで、排卵を止めてしまう。	男性の勃起したペニスにすっぽり装着することで、精子を閉じ込め、女性の体内に入らないようにする。
ない。	産婦人科の医師に装着してもらう。	婦人体温計は薬局で売っている。	医師による診察を受け、OKなら処方してもらう。	薬局、スーパー、ネット通販。
ただ。	産婦人科の処置料として￥15000〜30000	婦人体温計１本￥2000〜4000。一生使える。	日本家族計画協会のクリニックでは薬代含め初回￥7700、以後３カ月分￥9350程度	12個￥500〜2000
本人の意志しだいである。	ほとんど失敗はない。	体温の計り忘れ、計り間違い、カン違いがコワイ。	ほとんど失敗はない。	正しく使えず失敗するコが多い。たまに破れることが……。
100％安全確実である。	一度装着すれば２〜５年は手間がかからない。	避妊の他に健康管理にとても役立つ。	女のコがしっかり主導権を握れる。	簡単に手に入る。STIの予防に役立つ。
ヤリたい時がつらいかも。	出産、中絶経験がないと使いにくい。	毎日計らなきゃダメ。正確さにも今いち欠ける。	毎日飲まなきゃダメ。飲み忘れたらアウト。	男性の協力がないと使えない。ついつい、避妊を男性任せにしてしまいがち。
まったくない！	月経が重くなる、不正出血、腹痛。まれに子宮外妊娠や感染の誘因に。	ない。	一時的な吐き気や不正出血。体質や年齢、持病によっては使えない。	ほとんどない。

最も確実な避妊法 ピル

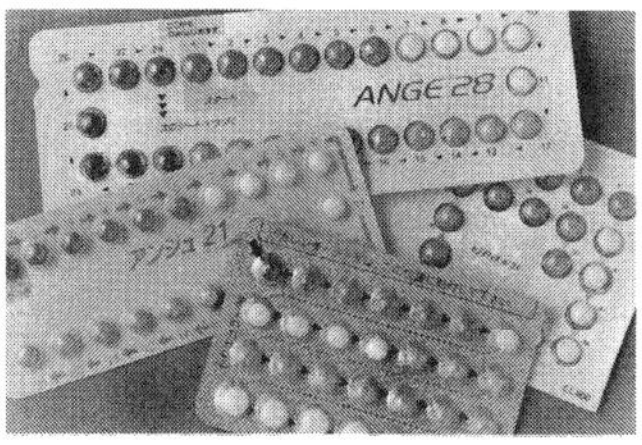

●どんな
正式には経口《けいこう》避妊薬《ひにんやく》といい、黄体ホルモンと卵胞ホルモンが含まれた飲み薬です。ホルモンの作用で『偽りの妊娠』状態を作って排卵をストップさせ避妊します。正しく飲めば効果はほぼ100%と言われています。

●どこで
医師の指導と処方が必要です。

●それで
女のコが自分の意志と責任で、主体的に、確実に避妊できます。特に赤ちゃんを絶対産めない立場の人、パートナーが避妊に非協力的で、でもやっぱ好き、という人におすすめです。

●いくら
健康保険がきかず、自費診療なので、病院によって違います。日本家族計画協会クリニックでは、初診時、1カ月分のピルが付いて7700円（税込）。以後3カ月分9350円程度。

つくづく避妊は難しいから

避妊には、お金と手間とヒマがかかります。だから「しなくてすめば、したくない」と思ってしまうのが人の常です。特に男性は絶対に妊娠しないので、なかなか身を入れてお勉強してません。そのくせ、セックスの場ではいい恰好をしたいので、「俺にまかせろ」なんて言ってしまう。言ってしまうが実は言うだけ。ったく「おまかせ」してたら、女のコは文字どおり痛い目です。

といって日頃は避妊の研究に怠りない、しっかり者のカップルでも、いざことに及んだら、すっかり楽しく盛り上がってしまい、「避妊のことなど忘れてしまったやんけ」ということがないではない。しょせんは人間のやること。現場で100%の安全を望むのは不可能だと知るべきです。

最も確実な避妊法＝ピル

もしあなたが「赤ちゃんは絶対産めない」「その時には人工妊娠中絶しかない」立場なら、最良の避妊法はピルです。セックスと関係なく冷静沈着な状況で薬を飲めばいいのだから、まず失敗の恐れがない。常に女のコが自分の意志と責任で確実に避妊することができます。そして避妊効果はほぼ100%と言われてい

ピルを手に入れる 北村先生のクリニックの場合

ピルを処方してもらうには、医療機関に行く必要があります。ピルが必要だと決めたのなら、どーどーと、胸を張って行きましょう。

❶助産師さんを囲んで、避妊の学習会。自分にふさわしい避妊法を考える。

❷その結果「ピル」を選択したいと思うなら

❸クリニックに予約。

❹受付。診察カードに氏名、年齢ほか必要事項をかきかき。

ます。

長いあいだ日本では「副作用がある」とか、「性のモラルが乱れる」とか「エイズが蔓延する」といった理由にならないような理由で、ピルは承認されませんでした。

でも、今は、副作用の心配が最小限に抑えられた低用量ピルが、医師の処方さえあれば、だれでも使えるようになったのです。低用量ピルができた背景には、かんたんに中絶が認められない欧米で、ピルの副作用を克服してきた女性たちの熱意と苦労があるのです。

セックスは自立したオトナの二人が営むものなのに男性に避妊をまかせっきりにして、不本意な妊娠をして涙した女性は少なくありません。だからこそ、あらかじめ自分の意志で避妊にとりくめるピルに意義があるのです。

世界主要国の避妊法選択 2012

国名	調査年	避妊実行率（%）	ピル（%）
日本	2005	54.3	1.0
アメリカ	2006/2008	78.6	16.3
イギリス	2008/2009	84.0	28.0
フランス	2004/2005	76.6	41.5
ドイツ	1992	70.1	52.6
イタリア	1995/1996	62.7	14.2
カナダ	2002	74.0	21.0
オランダ	2008	69.0	40.0
スウェーデン	1996	75.2	27.4
デンマーク	1988	78.0	26.0
スペイン	2006	65.7	17.2
韓国	2009	80.0	2.0
中国	2006	84.6	1.2

（United Nations:World Contraceptive Use 2012）

低用量ピルは、副作用がほとんどないといっても、使いはじめには気分が悪くなったり、不正性器出血や乳房が張ることもあります。でもたいていは2、3カ月で消えます。またピルを服用しないほうがいい人もいます。乳がんや、血栓症などの病気をもっていたり、肝障害があったり、喫煙する人です。

でも若くて健康な女性が、適切な医師の指導のもと、ピルを服用するかぎり危険は少ないでしょう。費用は保健指導料、検査料、薬代をふくめ、月3000円程度はかかります。安いとは言えませんが、妊娠の心配は減ります。

エイズ予防にコンドームは有効ですが、避妊をふくめコンドームで一石二鳥をねらうのは反対です。女性がピルなどで主体的に避妊して、なおかつエイズ予防にコンドームを使う、という方法がよいセックスにつながります。

確かに、長い期間、ピルを飲み続けることはたいへんな負担です。しかし、あなたがた若い世代にとって望まない妊娠と、そのあとの中絶が心とからだにどんなに過酷か！ 自分を守るために、ピルは必要な薬だと思います。もしパートナーと定期的にセックスするのであれば、ぜひ真剣に考えてください。

男のコとピル

さて、ピルで避妊する時も、パートナーをほっておく手はありません。女のコが避妊について責任を持つということは、女のコの立場と意見を尊重するという意味であって、男のコは何もしない、無責任でよい、なんてワケでは断じてない。

セックスは二人の問題ですから、当然避妊についても二人で話し合い、「じゃ、ピルを試してみようか」「うん」となるのが正しい手順です。病院へもできるだけ二人で行く。薬の作用について女のコのからだを思いやるぐらい、パートナーなら当たり前。ピルの飲み忘れがないよう、さりげなく注意する心配りも欲しいところで、基本的に、「二人のためにピルを飲んでいただいてる」という地味めな態度が好ましいものです。

もし、てめー一人がラクをしたくて、ピルを無理やり飲ませたがる、みたいな下心がみえみえだったら、ピルを飲む前に、付き合う価値ある男かどうか、考える方が先かと思います。

❺身長、体重、血圧測定。

❻診察室で、北村先生とお話。あなたにとってピルがふさわしい避妊法かどうか、あなたのからだに合うかどうかを、じっくりアドバイスしてくれます。セックスの頻度が月に1度ぐらいで、パートナーの協力が得られるなら、コンドームの正しい使用をすすめられることもあります。

- ピルの利点と問題点について
- セックスの経験、頻度
- 本人や家族に、ピルに向かない病歴はないか
- 薬にアレルギーはないか
- 喫煙は？（ピルとタバコは相性が悪いので、ピルを飲むならタバコはやめましょうネ）

次頁へつづく

ピルの疑問に答えるQ&A

Q なぜピルをのむと妊娠しないの？

ピルは、卵巣から分泌されている卵胞ホルモンと黄体ホルモンと同じものが化学合成されている。だからピルを服用すると、血液中のこのふたつのホルモン濃度が高まり、妊娠中に近いからだの状態になるんだよ。

脳は妊娠したかと錯覚して、視床下部や脳下垂体からのホルモン分泌を停止する。つまりピルは、妊娠中は排卵が起こらない女性のからだのしくみを利用して、妊娠するのを防いでしまう薬なんだ。

Q ピルの避妊効果はどのくらいあるの

正しく服用すれば、効果はひじょうに高い。指示どおり飲み忘れなく服用したら、妊娠する確率は0・1%（1000人の人が1年間飲み続けてひとり妊娠する）。

でも飲み忘れた人を含めると妊娠率は5%と推定されている。飲み忘れないことが大切なんだ。

Q ピルの種類は？

日本では現在13種類の低用量ピルが承認されている。

おおきく分けて、ホルモン剤を21日間続けて飲んで7日間休養する21錠タイプと、7日間は偽薬（プラセボ）を飲む28錠タイプがある。

さらに「一相性ピル」といって1錠中にふくまれる女性ホルモンの量が21日間変わらないものと、数日ごとに女性ホルモンの配合が変わる「段階型ピル」がある。

どれにも一長一短あるが、どれにも避妊効果はある。

Q ピルはどこで手に入るの？

低用量ピルが承認されたから、かんたんにドラッグストアで手に入ると思っている人がいるが、それはまちがい。ピルは医師の処方箋《せん》が必要だ。何科でも、処方してもらえる。

ただし、健康な女性が長期間にわたって使うもの。このため年2回くらいはからだの具合に異常がないかどうか検査してもらえる医療機関のほうがいいだろう。

Q 費用はいくらくらいかかるの？

日本では避妊の指導と処方は病気の治療と認められず、健康保険の適用がされない。保健指導料、検査料、薬代を含めて、おおよそ月3000円程度かかる。

Q 親にないしょで手に入れたい

こういう相談は多い。でも、僕としては、ぜひ、一度親とざっくばらんに彼とのことを話してみてほしいと思う。彼とのセックスを親に隠してうしろめたさを感じているなら、いいセックスとは遠いんじゃないかな？

しかし、どうしても親に話せないなら、医療機関をたずねてみてごら

---

❼問診の結果、先生が必要を感じたら、子宮と卵巣の形や大きさを診ることもあります。

❽希望者は、STIのうち、頻度の高いクラミジアと淋病の検査も受けられます（ただし費用は別途、請求されますが）。

❾1周期（21錠または28錠タイプ）分のピルを渡されます。ここでこの日の診療は終わり。

❿翌日から基礎体温を計り、排卵の有無を確認します。

⓫普通のタイプは、月経の初日からピルを飲み始めます。

⓬サンデーピルのタイプは、月経が始まった後、最初の日曜日から飲み始めます。これだと、3週間飲み終わったあと、2〜3日で月経がくる＝その次の土日には、まず月経が終わっている＝これで週末デートには、心おきなくセックスができる！　ということから、

ん。一般に思春期以降の女性には処方していいことになっている。医師には患者に対する守秘義務があるので親に知らせることはないよ。

Q ピルの正しい飲みかたは？

低用量ピルは「月経の第一日目」から飲み始めるのが原則。でも月経が始まった後の最初の日曜日から飲むサンデーピルもある。

毎日、決まった時間に飲む習慣を身につけよう。飲み忘れが24時間以内なら、気づいた時点で1錠、さらに予定時刻に1錠飲む。でも、24時間以上忘れたら、ピルを飲むのをやめて、セックスを避け、次の月経を待って飲み始めるか、ピルを続けて飲んで、ピル以外で避妊すべきだ。

Q ピルを飲んでも月経はあるの？

普通、ホルモン剤をふくむ21錠を飲み終わった2、3日後に月経がある。ピルの飲み始めに、月経と月経のあいだに出血することがあるけれど、避妊効果には影響がない。

逆に、まれに月経がないこともあるが、正しくピルを飲んでいれば妊娠していることはない。

もちろん、ピルを飲むのを中止すれば妊娠できるだけでなく、妊娠しやすくなる。

Q 副作用はなにかあるの？

飲み始めは、軽い吐き気や頭痛、乳房の張りなどを感じる女性がいるけれど、だいたい3カ月ぐらいでほとんどの人が治まるよ。

極めてまれに血栓症といって、血管の中に小さな血の固まり（血栓）ができ、血の巡りが悪くなる病気を起こすことがある。その血栓が何かのはずみで肺動脈に詰まってしまい、呼吸困難で死亡した例も報告された。滅多にないことだけど、万が一強い腹痛、胸痛、頭痛、ふくらはぎ痛、視覚障害を感じたら、病院に連絡しよう。

Q じゃあ、ピルのメリットはなあに？

まず月経が軽くなること。月経は子宮内膜がはがれ落ちて起こる現象だけど、ピルに含まれる黄体ホルモンの作用で、子宮内膜が厚ぼったくならないから、出血量が少ない。月経痛や不快感もグッと抑えられるし、貧血の予防にもなる。ピルは月経前症候群や月経困難症（→P.132）、子宮内膜症（→P.75）の治療薬としても使われているんだよ。この場合は健康保険が適用される。

月経のスケジュールを自分でコントロールできることも大きい。ピルを飲むタイミングを計算すれば、期末テストや修学旅行、部活の大事な試合などと月経がぶつからないようにできるんだ。便利だね。

ホルモンのバランスが整うことから、ニキビが減った、肌がキレイになったというコもいるね。さらにピルを長期にわたって飲んでいた女性は、将来子宮体がんと卵巣がんにかかるリスクが下がるという臨床データもある。

Q ピルを使って心配なことは？

エイズをはじめSTIが若い人のあいだでひろがっている。クラミジア、淋病、性器ヘルペスなどの性感染症には、予防が大切だ。心配な時にはピルを飲んでいても、コンドームを使うこと。

避妊も性感染症予防も、きちんと自分の責任で実行できなくちゃ、セックスする資格はないゾ。

ひそかに人気を呼んでいたりします。

⑬ピルを飲み始めてから2週間程度で診察を受けます。

⑭ピルを飲み始めて2週間ぐらいは、個人差はあっても、どうしても不正出血や吐き気のトラブルがあるので、その程度によってはピルの種類を変えることもあります。OKならば3周期分のピルをもらいます。

⑮このあと、3周期あるいは6周期飲み終えるごとに、またクリニックに行って、近況報告をします。せっかくなので、ときどきは⑧のSTI検査や、若い女性でも子宮頸部や乳がんの検査を受けてみてはいかがでしょう（ただし費用は別途、請求されますが）。

「1回100円ピル貯金」とゆーと、高いですか？ それとも安く感じますか？ でも望まない妊娠から確実にからだを守れることを思えば、高くないし、先生とのいいコミュニケーションは、健康管理にも役立ちます。

知らないのは愚か 緊急避妊法

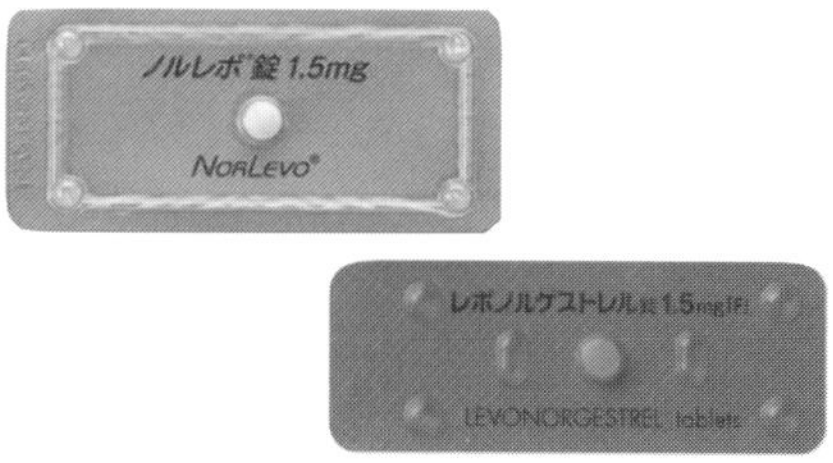

●どんな
黄体ホルモンを主成分とした飲み薬。ホルモンの作用で、妊娠の成立を妨げます。（ノルレボ錠はフランスのHRA社が開発し、２０００年にほとんどの諸外国で承認。日本では２０１１年２月23日（北村先生の還暦の誕生日！）に日本で承認。２０１９年にはレボノルゲストレル錠が承認・発売された）

●どこで
医師の指導と処方が必要です。処方箋なしに薬局で手に入れることはできません。現在、多くの産婦人科医療機関が対応してくれますが、心当たりがない場合はDr.北村のＪＦＰＡクリニックに行ってみよう。こちらも参考に⬅

●それで
避妊に失敗したセックスから、72時間＝3日以内に服用します。

●いくら
自由診療なので医療機関によって違います。北村先生のクリニックでは、後発品の緊急避妊薬＋低用量ピルワンクール分のセットで８２５０円（税込）。なお、レイプなどの犯罪被害のために服用が必要な場合は、警察に届けることで公費負担の制度を利用できます。

避妊のための最後の砦《とりで》

「破れてるッ!!」「はずれてるッ!!」

コンドームはつけていたのに破れていた、外れてしまった！

あるいはその場の勢いで、鼻息荒く避妊なしのセックスをしてしまい、我《われ》に返って深い深い後悔に苛《さいな》まれる……。こんな時「どーか生理が来ますようにッ!!」と神仏におすがりしても、望まない妊娠を回避することはできません。あなたの取るべき道はただ一つ。一刻を争って産婦人科を受診し、「緊急避妊法」の指導と薬の処方をお願いすることです。別名を性交後避妊、モーニング・アフターピルとも呼ばれています。

医療機関では、産婦人科医師による問診と、場合によっては超音波や内診で子宮と卵巣の状態を確認したあと、問題がなければ黄体ホルモン（レボノルゲストレルLNG-ECP）を主成分とした錠剤を渡されます。これを1錠、避妊に失敗したセックスから必ず**72時間＝3日以内**に、コップ一杯の水かぬるま湯で、ぐいっと飲んでください。

この緊急避妊薬によって、およそ90％の確率で、妊娠を阻止することができます。黄体ホルモンが働き、排卵を抑えたり遅らせたり、受精卵が子宮内膜に着床するのを妨《さまた》げたりするからで、服用が早ければ早いほど、効果が高いといわれます。

要するに避妊の失敗を、一発逆転で「なかったこと」にする瀬戸際の避妊法ですね。「中絶薬」とは本質的に違うものですから、受診時点ですでに妊娠が成立していたら、それを取り消すことは残念ながら不可能です。

なお、服用によって軽度の吐き気や頭痛などを訴える女性がいますが、一過性で治まるはず。また、薬の作用は3〜4日もすればゼロになるので、将来の妊娠出産に影響があるというような心配はまったくありません。

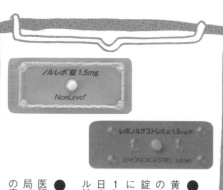

服用後の注意点

緊急避妊法によって、今回の妊娠を回避できたかどうかは、月経の再来（正確には薬による消退出血〔P.１３１〕）の有無で判断します。再来までの期間は、緊急避妊法を行ったタイミングと月経のリズムとの関係で大きく異なり、早ければ2〜3日。遅いと3週間程度と幅があるので、慌てず焦らず待ちましょう。そして医師に指定された次回受診日は必ず守ること。それまでに出血があっても、月経ではなく単なる不正出血かもしれず、妊

娠の可能性を否定しきれないからです。

一方、心していただきたいのは、緊急避妊法直後からのセックスと避妊。緊急避妊法はあくまで「避妊に失敗した」今回のセックスに限り効力を発揮するもの。「避妊薬を飲んだから、しばらくはナマでヤッテも大丈夫なんじゃね？」と考えるのは大間違い。

おすすめは、緊急避妊法の翌日から経口避妊薬＝低用量ピル（→P.68）の服用を始めること。医師に相談すれば、同時に処方してもらえます。ただ、これとて服用開始から7日間は妊娠の可能性アリ。7日ぐらい、少しは懲《こ》りて身を慎《つつし》めよと言いたいところですが、ガマンの効かないカップルであれば、コンドームを慎重に併用するしかありません。

妊娠経験（中絶や出産経験）のある女性の場合は、緊急避妊法の段階からそのまま長期間、銅付加子宮内避妊具（→P.74）を活用できるので、検討してください。

月経が再来し安堵した後は、改めて今後の避妊法を確認します。すでに低用量ピル服用を始めているなら、その継続が第一選択肢でしょう。パートナーの理解と協力が不十分でも、女性が主体的に避妊を実行できます。

一番困るのは、緊急避妊法の成功に味をしめ、無防備なセックスを繰り返すこと。頻繁に頼ると、そのたびに消退出血が起こるので、貧血その他でからだに負担をかける。毎回1万円近くの出費というのも愚かしく、それでピルなら3カ月分、コンドームなら10ダースは購入できると肝に銘じてください。

オトナの女性の避妊法 IUD

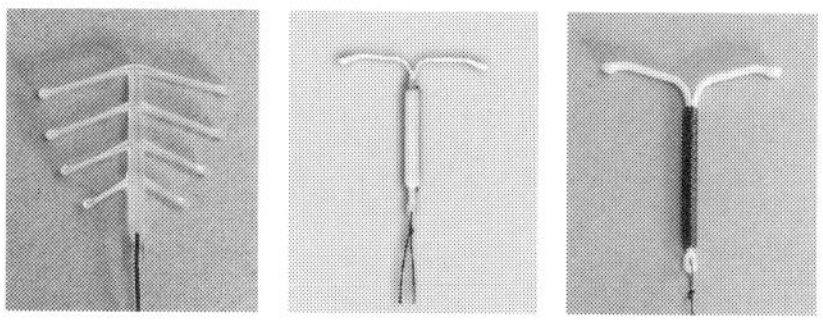

●どんな
子宮内避妊具とも呼ばれます。子宮の中にポリエチレンなどでできた器具を装着し、主に受精卵の着床を防ぐ避妊法です。きちんと装着できれば5年間はそのままでOKです。

●どこで
産婦人科に行き、医師の手で装着してもらいます。薬局では売っていません。

●それで
基本的に出産、中絶経験のある女性向けです。妊娠経験がないと子宮口が開きにくく、挿入に痛みを伴うので難しいのです。将来的には役立つはずなので、ご紹介しておきます。

●いくら
子宮内避妊具の種類により異なります。健康保険は適用されず、3～8万円と高額で、この点からもオトナの女性向けでしょう。

IUDが子宮に入っている状態

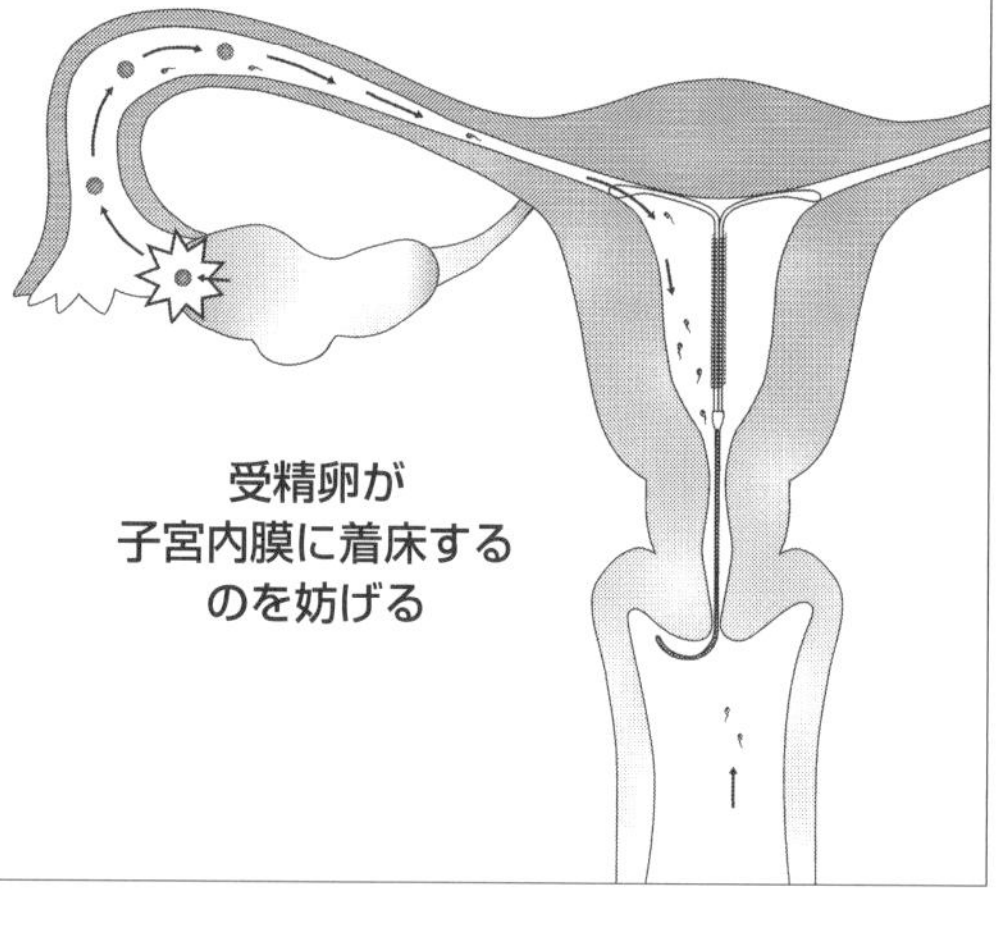

小さな器具を子宮に入れ妊娠のジャマをする

IUD=子宮内避妊具とはポリエチレンなどでできた専用の医療器具。T字や魚の骨(FD―1。写真左。基本のIUD)みたいな形をしていて、サイズは郵便切手と同じぐらい。産婦人科を受診して、細いアプリケーターを使って、子宮の中に挿入・装着してもらいます。そのために子宮口を開く必要があるので、中絶や出産の経験があって、子宮口が開きやすくなっているオトナの女性向けの避妊法です。

子宮の中に異物を入れると、避妊効果があることを発見したのは、紀元前4世紀のギリシャで、医学の基礎を築いたヒポクラテスと伝えられています。実験の対象はラクダだそうで、砂漠の長旅の途中、荷物を運ぶメスに妊娠され、困った商人が相談したのかもしれません。近代医学で安全な子宮内避妊具の処置が始まったのは、1920年代です。

IUD挿入による避妊のメカニズムは、正確にはわかっていなくて、一般に受精卵が子宮内膜に着床するのをジャマするといわれています。まあ、異物を入れっぱなしにされるストレスで、子宮がやる気をなくす、妊娠をサボるということなのでしょう。

女性が自主的に避妊できて、かつ避妊率は95%以上とバッチリ。なにより一度装着してしまえば、**何もしないで**セックスできる!というお手軽感がウケており、ピルをついつい飲み忘れる、といううっかり屋さんには便利この上なし。挿入には月経が終わってすぐが適しており、特に問題がなければ5年ごとに入れ替えてください。

緊急避妊法(→P.72)として、避妊に失敗したセックスから120時間以内に装着してもらえば、緊急避妊薬の服用と同様に、妊娠を回避することができます。

副作用として、軽い下腹部痛や不正出血を訴えるケースが。また、妊娠経験があっても、子宮や卵管に炎症性の病気があったり、大きな子宮筋腫があったりすると装着できません。

効果の高い銅付き

IUDの一部に銅のコイルを巻き付けたタイプです（ノバT。写真右）。放出する銅イオンには、精子や卵子の活性を弱めたり、受精卵の着床を妨げる働きがあるので、従来のIUDより避妊効果がアップ。器具自体のサイズを小さくすることができました。

銅はナッツ類やココア、牛や豚のレバー、牡蠣などに含まれる微量栄養素＝ミネラルで、不足すると貧血になってしまうなど、からだにとって有用なもの。毒にはなりませんから、心配は無用です。

もっと効果が高いホルモン入り

IUDに、緊急避妊薬と同じ黄体ホルモン（レボノルゲストレル）をセットしたタイプです（ミレーナ。写真中央。IUSともいう）。少しずつホルモンが放出され、子宮の毛細血管から吸収されます。ホルモンの作用で、受精卵のベッドである子宮内膜が薄〜くなるため、極めて着床しにくいという利点があるのです。ピルとIUDの合体バージョンといってもよいでしょう。子宮から分泌される子宮頸管粘液の性質も少し変わるため、精子が子宮口から入りにくくなる作用もあり、銅付き以上に避妊効果がアップします。

また口から飲むピルは、腸から吸収されたあと肝臓を通るので、肝臓の病気がある人やタバコを吸う人は服用することができませんが、ミレーナならOKです。

避妊以外の効果として、子宮内膜が薄くなることから、それがはがれ落ちて起こる月経がすごく軽くなります。月経痛がヒドい、過多月経、子宮内膜症でツラい方の治療にミレーナを活用する医療機関もあるほどです。

知っておきたい子宮の病気

子宮内膜症

子宮の内側を覆う子宮内膜は、毎月、受精卵の着床に備えて厚くなり、妊娠しなければはがれ落ちて月経となります。

ところが、子宮の筋肉層の中や子宮の外側、卵巣、子宮と直腸の間など無関係なところにまで「内膜」が移植され、月経のリズムに合わせて増殖したり出血したりすることがあります。これが「子宮内膜症」という病気です。内膜の絶対量が増えるのですから、月経血の量もハンパなく増え、腹痛・腰痛・頭痛もずーんと重く、寝込んでしまう人も珍しくありません。

20〜40代の女性に多い病気ですが、10代の女のコにもときどき見つかるので、月経がツライと思ったら、早めに産婦人科で調べてもらいましょう。将来、赤ちゃんのできにくくなる不妊症の原因になる場合もあります。治療法は、若い世代なら低用量の女性ホルモン剤の服用がもっとも手軽で、確実（→P.68）。この場合は健康保険が適用になります。

子宮筋腫

子宮の内側や外側に、良性の腫瘍（コブ）ができる病気。小さいのがポコポコできたり、大きいのがどーんとできたりいろいろですが、がんになる心配は無用。30歳以上の女性に多く、できる場所によっては、過多月経や不妊症の原因になることがあります。

歴史に消えた伝説の避妊具たち

避妊法にもトレンドがあり、かつて一世を風靡《ふうび》したにもかかわらず、近年の販売不振でメーカーが撤退した避妊具がいくつかあります。どれも女性が主体的に使えるタイプで、中でもペッサリーは、女性の地位がまだまだ低く発言権がなかった時代に、お祖母《ばあ》ちゃんや曽祖母《ひいばあ》ちゃんたちを、望まない妊娠・出産から守ってくれました（涙）。人それぞれ、好みや立場が異なるので、避妊法の選択肢は多いほどよいのに、残念なことです。ただ海外では根強いファンがいて、みんな現役続行中ですから、留学の折などに出会うかもしれません。グローバルな愛を育んでくれるかも♡なので、この機会に知っておきましょう。

女性用コンドーム

避妊具の中で唯一性感染症予防に役立つコンドーム。男任せにしていては健康を守れない！と女性用が開発され、日本では2000年に販売が開始されました。女のコが事前に膣内に装着して使います。

素材は軽くて丈夫な医療用ポリウレタンで、破れる心配ナシ。内リングのおかげで脱落の失敗ナシ。外リングも膣口周辺をカバー、とセイフティ感満載だったのですが、いかんせん3個1200円、1回ごとの使い捨てと値段が高かった。また、従来の男性用コンドームと比べると見た目のサイズがデカく、草食系男子が思わずビビったとも言われ、それも敗因の一つでしょう。需要が伸びないまま、11年に日本市場から姿を消してしまいました。

殺精子剤

読んで字のごとく精子をコロす薬です。かつてはゼリータイプ、フィルムタイプ、錠剤タイプとバリエーション豊富。ペニスの挿入前に薬を膣に入れておき、膣分泌液で薬が溶け、膣全体に行き渡ったタイミングで射精をすると、高い避妊効果が得られます。

ただ射精が早過ぎて薬が十分効かなかった、遅過ぎて薬が流出したなどが原因で失敗するケースが散見され、万全を期するならコンドームとの併用がベスト。双方の短所を補完して活用する熱心な支持者がついていました。

しかし主成分の界面活性剤が環境ホルモンとの風評が立ち、ゼリーは1999年、フィルムは2001年に製造中止。錠剤もあおりを食って2011年に命運が尽きたのです。

ペッサリー

スプリングの効いたコイルの輪っかに、ゴムのお椀をかぶせたフタ状の避妊具。女のコが自分で膣内に挿入し、子宮口をおおって精子が子宮内に侵入するのを防ぎます。

男性の協力がゼロでも確実に使えるツールということで、第二次世界大戦後のベビーブーム時代に、助産婦（当時）さんたちが啓発に努めたことから、当時は隆盛を極めました。

しかし、子宮口の大きさに合わせてサイズを選んでもらう必要がある上、装着にもコツがあって、助産師さんとじっくり練習しないと使いこなせないなど、忙しい現代女性はしだいに敬遠。おまけにペッサリーを作る職人さんが高齢化し、伝統のワザが途絶えるに至って絶滅のやむなきに至りました。

使い方

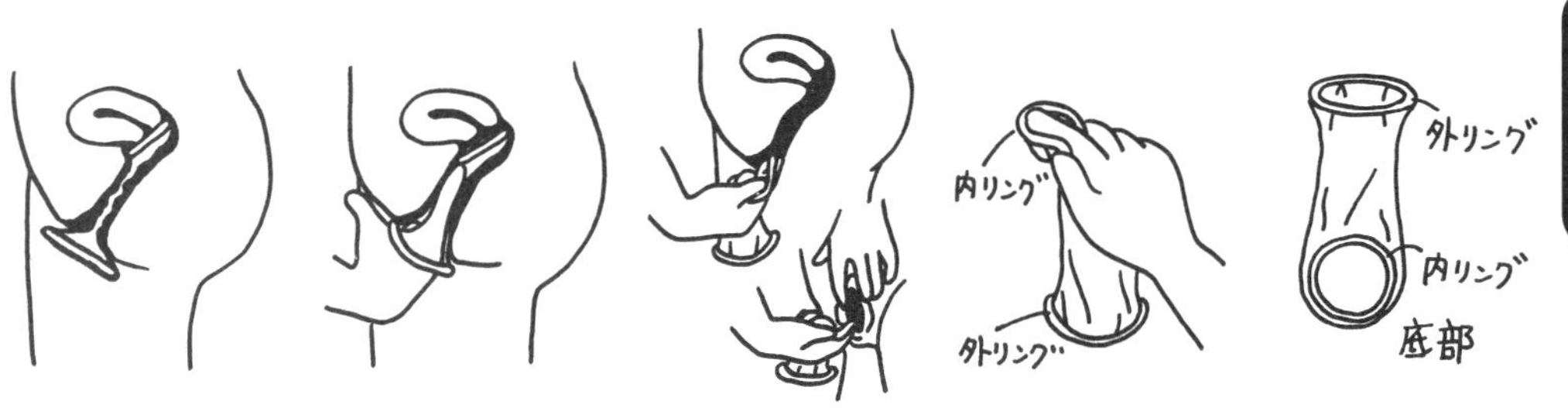

❶個別包装から取り出すと、こんな形。内リングは膣の奥に固定するために。外リングは膣口周辺を守りつつ、ペニスの入り口に。

❷内リングに人差し指を添え、親指＆中指ではさみ、細長くする。

❸❷の状態のまま手のひらを上に向け、もう片方の手で膣の入り口を広げながら、挿入していく。

❹リングが８割方入ったら、一度指を抜き、今度はコンドームの中側に人差し指を入れて、内リングを子宮口まで押し入れる。

❺装着完了。外リングが膣の入り口周辺をおおうので、STI感染予防効果が高まる。射精後は精液がモレないよう、取り出す。

使い方

（錠剤の場合）

❶初心者の女のコは、まず膣に自分の指を入れて、子宮口の位置を確認。ちょうど鼻の頭ぐらいの硬さだから、すぐわかるよ。

❷錠剤を1個指ではさんで膣に入れ、さらに一番長い中指で錠剤を膣の奥まで押し込む。

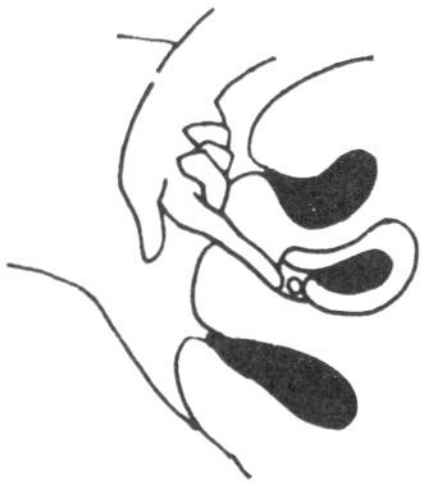

❸錠剤が膣分泌液でしっかりとけるまで、5分ほどかかる。それまでペニスの挿入・射精はガマン。

❹射精を終えたあと、殺精子効果が落ちないように、ビデなどで洗浄しないこと。

❺2回戦に進むときは、再度錠剤を追加する。

※殺精子剤には、ＳＴＩのバイキンを殺すパワーはありません。

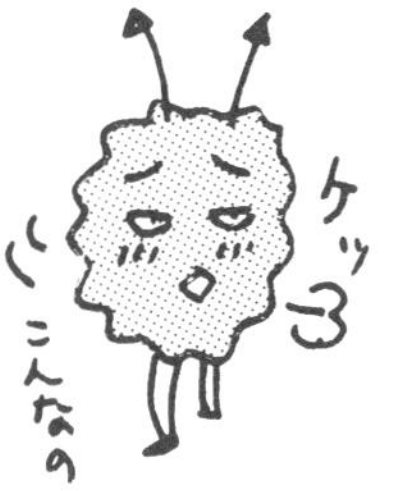

使い方

❶まず膣に指を入れて自分の子宮口を確かめる。ちょうど鼻の頭の硬さぐらいの部分。

❷ペッサリーの両面に潤滑ゼリーをぬりぬりする。親指の頭ぐらいの分量。

❸ペッサリーのふくらんだ側に人差し指と中指を添え、親指と薬指で細長くなるように挟んで持つ。

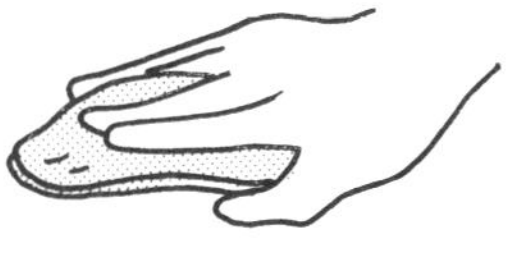

❹ペッサリーのふくらんだ側が自分の背中側になる向きにして、膣に挿入する。この時、反対の手もペッサリーが出て来ないよう添えると楽。

❺さらに人差し指で、できるだけ奥に入れる。

❻入ったら、人差し指で恥骨の裏のくぼみにひっかける。ペッサリーの上から子宮口が確認できればＯＫ。

❼はずすのはセックスが終わって8時間以上たったあと。精子が全員死んでから。ペッサリーの「イル」に人差し指を引っかけて、ひっぱり出す。

❽はずしたあとはぬるま湯でよく洗い。陰干しする。2～3年使えて安上がり。

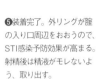

女のコこそ知っておきたい コンドームの基本

●どんな
ラテックスゴムでできた、とてもストレッチ性のあるサックです。男のコの勃起したペニスにすっぽりかぶせ、女のコの膣の中に精液が入らないようにして避妊します。

●どこで
薬局、スーパー、コンビニなどで売られています。手軽に手に入るのが大きな特徴です。

●それで
パートナーの協力がないと使えないという大きな欠点があります。

●いくら
12個500円〜2000円。

コンドームの大誤解

コンドームはしばしば『男性用避妊具』と呼ばれます。確かに唯一、男のコの協力が必要な避妊法で、女のコの力だけではとうてい無理です。

が、『男もの』と決め付けてしまうのは、いかがなものか。彼が一人でつけて、どーなるどーするどーすりゃいいんだ。二人で使って初めて価値あるコンドームです。これから

〈女のコのコンドーム研究〉

❶女のコが買いに行く

❷箱の裏を見てみると

コンドームは厚生労働省が薬事法により品質や安全性を管理し、厳重な検査済み。日本のコンドームは世界で一番優秀で、各国に輸出されてるんだ。安心して使おう（メーカーによってはJISマーク＝日本工業規格がついてるけど、ついてなくても厚生労働省の許可番号があれば大丈夫だよ）

❸出してみると

精液だめ
くるくる外側に巻いてある。

❹伸ばしてみると

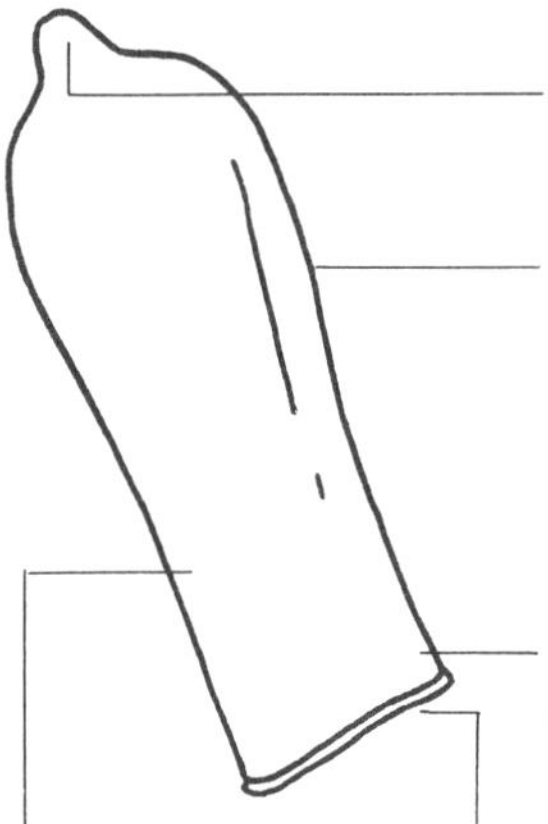

精液だめ
ここに男のコの精液がたまる

素材
ラテックスゴム。ラテックスはゴムの木からとれる天然ゴムの材料。合成ゴムより丈夫で伸びが良い。つまり本物だってこと。

厚さ
0.02〜0.05㎜。薄くって使用感が少ないんだ。

長さ
精液だめを除いて15cm以上。これも規格で決まってる。

色
ピンク、ブルー、グリーン、パープル、ブラックと、とてもカラフル。彼のペニスをしっかりとラッピングしよう。

は『二人のための避妊具』と正しく呼んであげましょう。

男がつける→男が使う→男が避妊する→避妊は男がする→避妊は男にまかせる→女はカワイク言うがまま

コンドームを『男もの』とカン違いしたばっかりに、日本のカップルは、いつしか『男任せ』パターンにはまってしまいました。しかし繰り返しますが、これではいつまでたっても、女のコが望まない妊娠から自分を守ることはできません。守れない使い方じゃ、コンドームは輪ゴムにも劣るって。

まず、コンドームの予習レッスン

『二人で使う』とわかってみれば、主役はやっぱり、妊娠するからだを持つ女のコです。当然、セックスの前に予習ぐらいはしていただきたい。特に「やっだー、見たことない」「うっそー、自分で買えない」あなた、今すぐ買いに行きましょう。そしてイラストを参考に、しみじみ研究しといてください。

コンドームは何を隠そう『医療用具』。パッケージの裏には製造許可番号と使用期限が載っています。日本の厚生労働省の堂々のお墨付きを恥ずかしがってちゃ失礼というもの。

きちんと気持ちの通じ合ってるパートナーなら「女のコが持ってるなんて、詳しいなんて、遊んでる証拠」とは決して思いません。思うような関係なら、そっちの方が大問題です。

❺ひっぱってみると

ともかくやたらと伸びる。約6倍！　だからこそ、ペニスによーくフィットするわけ。サイズに神経質にこだわらなくても大丈夫。

❻ふくらませてみると

風船にしたら、空気30ℓ入るって。水でも一升びん4本分だ。試してみる？

❼脱落防止バリエーション

フィット感をよくするため、いろいろな模様がついている。この加工にお金がかかるので、コンドームの値段が違う。

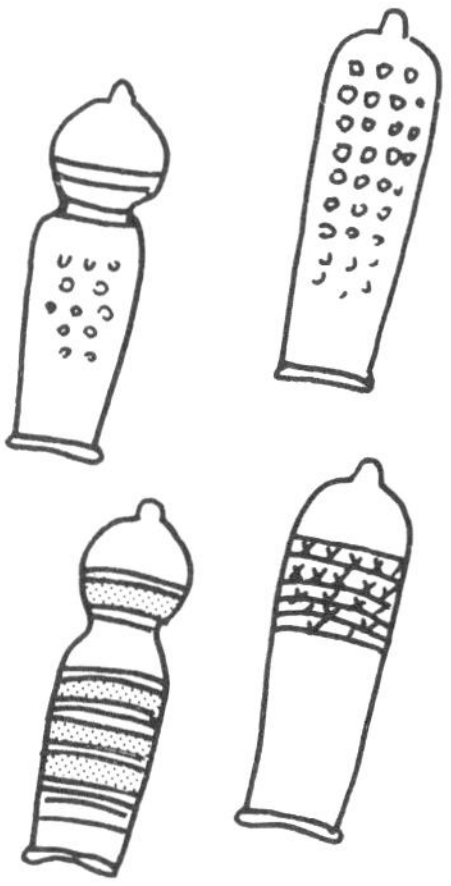

❽精液の逆流防止バリエーション

コンドームから精液が漏れたら最悪。段々をつけたり、根元を細くしたり、メーカーも工夫してるよ。

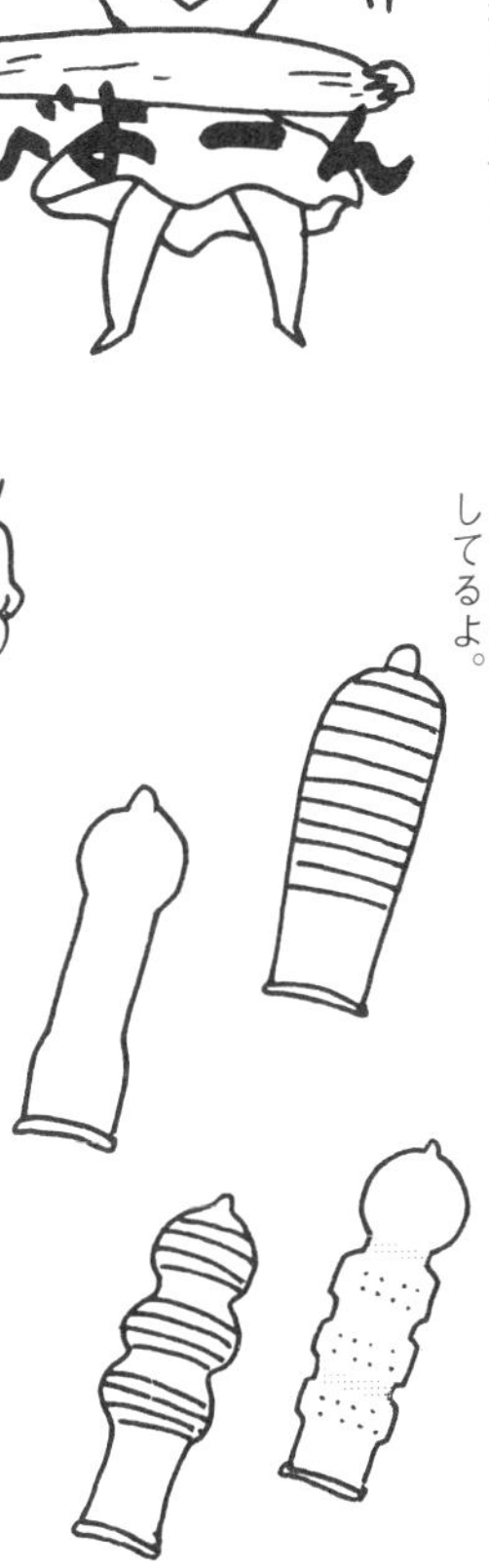

❾ゼリータイプ

スムースにインサートできるようゼリーが塗ってあるものも。

❿賞味？期限

20度ぐらいの室温で保存したものなら7～8年もつんだって。でもゴムだから、直射日光、湿気、ナフタリンに弱い。安売りしてても、使い切れないほど買わないことね。

絶対に失敗しない！ コンドームの実践

コンドームは甘くない

「つけりゃーいい」ように見えますが、コンドームによる避妊は実際とても難しいものです。30代・40代のベテランでさえ、失敗率は20％以上（100人の女性が1年間にコンドームを使って失敗する率）。

初心者でしかも絶対赤ちゃんの産めない女のコに、とてもじゃないけどすすめたくない。

しかし数ある避妊法から、何をどう選ぶかは、そのカップルのライフスタイル次第です。セックスの回数が1年に1度、せいぜい2度となれば、毎日毎日ピルを飲む気にはなれないでしょう。ＩＵＤも妊娠経験のない女のコには無理がある。となれば、現実問題として、コンドームのお世話になる女のコは多いはずです。さあ、ここからが女のあなたの正念場です。

コンドームの必勝五原則

❶コンドームをいつでも必ず使う

時々オギノ式（→P.85）の危険日だけコンドームで避妊する、あとはしなーい、という危険な怠け者がいます。オトナたちの失敗例もほとんどがこの油断で掘った墓穴です。ま

〈コンドームの正しいつけ方〉

❶精液だめを軽くひねって、空気をぬく。

❷勃起したペニスの頭に、表裏を間違えないようかぶせる。

❸ペニスの頭を軽くおさえ、反対の手でコンドームを巻きおろしていく。

❹根元までしっかりおろして完了。ヘアが入り込んだり、ペニスの包皮がたるまないように注意して。

ドキュメント

「コンドームから逃げる精子たち」

して月経の不安定な思春期に、オギノ式危険日・安全日など何の役にも立ちません。基礎体温法で割り出した安全日だって、計り間違いはありえます。いつでもどこでもコンドームです。

❷コンドームを正しく使う

コンドームは、あなたが考えているより、ずっと手ごわい避妊具。ちょっとでも手順が狂うと、精子たちはゾロゾロ逃げ出します。下段のこわーいイラストドキュメントを、身にしみて眺めてください。

- 正しくつける。
- 正しいタイミングでつける。
- 正しい後始末をする。
- 正しい商品をつける、がポイントです。

❸破れたら緊急避妊法を

取扱いに注意したつもりでも、コンドームが破れた、抜けた、膣内に置き去りにしてきたといった突発事故が起きることが。72時間以内に産婦人科に駆け込み、緊急避妊法（↓P.72）の処置をお願いしましょう。

❹女のコが主導権を握る

避妊はすべてそうですが、コワいのは気の緩みによる失敗です。そして妊娠しない男のコのほうが緩みやすいのは言うまでもありません。毎回、初心にかえって手順その他をチェックするのは、あなたの仕事です。

ギリギリまでつけなかった

コンドームをつける上で、一番大切なのは、ペニスにつけるタイミングなんだ。絶対、挿入の初めっからつけてくれ。

僕たちの仲間には、気の早いヤツ、手の早いヤツが大勢いて、男のコの射精本番前にも、ペニスから漏れ出している。この油断で失敗するカップルがものすごく多い！　男のコ本人には自覚がないので、「少しストレートで楽しんでから」なんて言い出すことがあるけど、女のコは絶対許しちゃいけないゾ。

十分ペニスが勃起してない

といって、早くつければいいってもんじゃない。ペニスが十分勃起してないと、コンドームはうまくつけられない。無理につけても、途中で抜けたり、ズレたり、の大惨事につながる。なんたって男のコのピストン運動はハードだぜ。

破れた！

コンドームの先端の精液だめに空気が入ったままだと、パーン！　途中で破裂してしまう。使用説明書をよく読んで、正しくつけよう。

コンドームの2枚重ねも、裏目に出る。2枚がこすれて、かえって破れる危険大。マヌケな話だ。

あと、ツメの長い女のコ、ひっかかないよう注意のこと。

STIからからだを守る コンドームの役目

❺パートナーを再チェックする

コンドームは『二人のための避妊具』です。従って、一緒に使う相手を選び間違っていたら、今までの勉強・努力はすべて水のアワ。正しく使う最後の砦は、彼の人となりです。

コンドームをつけるのは、男性にとって必ずしも快適なことではありません。セックスの途中でインターバルをとる必要だってある。このため誠意に欠ける男の場合「メンドー、シラける、感度がニブる」、この三大セリフでなんとか膣外射精（→P.86）に持ち込もうとたくらみます。

え～い、うるさい、見苦しい。メンドーならばズボンもパンツも脱ぐんじゃない！ とまあ、こんな感じで、きっぱりセックスをお断りしてください。

妊娠を心配しながらセックスをすることは、女のコにとってとてもつらく悲しいことです。妥協の余地はありません。

コンドームにふさわしいパートナーとは、「君と一緒に避妊ができて、僕は嬉しい。力を合わせて一致団結、ガンバロウ」ときっちり言える男のコ。『二人のための避妊具』は、本来、二人のパートナーシップをしみじみ高めてくれるはずのものです。〝感度〟だって、二人の心が寄り添う時、初めて素敵なものになるんです。

即、後始末をしなかった

射精後、ペニスはすぐ小さくなる。つまり、コンドームがゆるゆるになる。余韻にひたっているスキに、僕たち精子は逆流して、膣の中にあふれるゾ。射精後は、すぐペニスの根元を押さえ、コンドームがずれないよう、スムーズに抜いて始末すること。

なお、使用後のコンドームは、精液がこぼれないよう、首を一ひねり結び、ポリ袋に入れて捨てる。間違ってもトイレなんかに流すなよ。

そのまま眠ってしまった

後始末どころか、そのまま二人で朝まで眠ってしまい、コンドームを膣の中に置き去りにする事故がある。お酒を飲んだ時は特にアブナイ。もちろん避妊効果は全く0！

さらに女のコがそれに気づかないまま数日たつと、コンドームに雑菌が繁殖して、異物性の膣炎を起こすことさえある。シャレにならないぜ。

避妊は愛情と信頼の証し。愛のないコンドームは輪ゴムに劣るって。

STIとコンドーム

コンドームには二つの使命があります。一つはもちろん避妊に役立つことですが、もう一つはSTI＝性感染症（→P.110）の感染予防に役立つことです。それで一昔前には「衛生サック」などとも呼ばれました。正しく使えば、完ペキではないまでも、STIから、からだを守ることができます。男性にとっても女性にとっても同じことです。

セイフ・セックス。コンドームを使った、安全なセックスを心がけなければならない時代です。女のコがコンドームを持つことは、少しも恥ずかしいことではありません。多くのSTIは母子感染を起こすことからも、女性にとって、より深刻です。STIを防ぐには、セックスの時、必ず挿入の最初から、きちんと使うこと、アナルセックスやオーラルセックス（→P.119）＝口腔性交の場合にも必ず使うことが大切です。特に「口は第二の性器」と言われるぐらい、喉の粘膜は感染しやすく、かつ細菌やウイルスがウヨウヨ繁殖しやすい場所。オーラルセックスは妊娠の可能性がないので、なかなかコンドームを使う習慣が定着しません。このためフェラチオやクンニリングスがSTIの大きな感染源となっています。十分注意してください。チョコやバナナやイチゴ味のコンドームもありますから、試してみてはいかが？

2回戦の時、油断した

1回戦の精子のうち、ズルがしこい仲間はこっそりペニスの尿道あたりに潜んで、次のチャンスを狙っている。2回戦にトライするなら、これも挿入の初めっからコンドームをつけること。ストレート厳禁。

それと！　2回戦の精液は薄いから妊娠しないなんて説は大うそだ。僕たち精子はいつでも億単位で行動している。

粗悪品を使ってしまった

コンドームは必ず、製造許可番号の入った、一流メーカー品、一流ブランド品を使って欲しい。雑貨屋さんやHなお店には、無認可の輸入品やオトナのオモチャが混ざってる。避妊の役には立たないぞ。それに騙されるほど、僕たち精子は愚かではない。

フェラでも使う

STIのバイキンがペニスの内部に住みついていると、精液と一緒に飛び出してくるぞ。コンドームなしのフェラチオ（口腔性交）だと、バイキンは女のコの喉の粘膜に感染する。その女のコのフェラで、別の男のコにも感染が広がったりするんだな。顔射で精液が目に入れば、目の粘膜がアブナイ。オーラルセックスの時も、STIへの油断は禁物。必ずコンドームを装着しよう。

カン違いが招く妊娠　女のコたちの後悔編

1回ぐらい大丈夫のカン違い

排卵は月経と月経の間に1回ある。と書くと、「なーんだ1回か。なら1回ぐらいセックスしても平気よね」「そーよ。今まで妊娠したことないもんね」と言い出す、ノーテンキな女のコがいます。

これをセックスのロシアンルーレットと呼びます。

初めの一発が命中するのか、最後の一発がアウトなのか、分からないけど、分からないから命取りです。避妊なしのセックスほど、女のコに分の悪い、危険なバクチはありません。結局ずるずる妊娠するまでやっちゃうんですから、負けるに決まっているでしょう。

月経中は大丈夫のカン違い

月経周期が28日以上で、カンペキに安定したオトナの女性なら、月経初日から5日間は一応安全日と言えるでしょう。

しかし時は思春期！　ホルモンのバランスも、心のバランスも、からだのバランスも、いつコロブか分かりません。セックスの刺激で排卵が即起こることが十分考えられます。また、「子宮の中で7日間生き続ける精子もいる」という学説もあります。若いパートナーの精子はものすごーく元気かもしれません。いつどんな状況でも、避妊を忘れてはいけないのです。

妊娠しにくい体質のカン違い

まず「私は月経不順だから妊娠しにくいの」はとんだ誤解です。月経が不規則＝排卵が不規則。つまり、いつ排卵が起こるか分からないのですから、いつ妊娠するかも分からない。当然あなたに安全日はありません。常に、確実に、完ペキに避妊を実行してください。

続いて「まだ無排卵と診断されたからへーキ」も大間違いです。確かに昨日までは無排卵でも、今日、たった今、排卵が始まったかもしれないでしょう。思春期のからだは時々刻々成長中です。しかも『セックスするとその刺激で無排卵が治る例が多い』という学説がある！ セックス→即・排卵→そのまま妊娠。あなたは最も妊娠しやすい女性だったのです。

オギノ式のカン違い

荻野学説とは、本来『排卵日は次回月経の12～16日前である』です。それだけです。

それをあえて、月経予定日から逆算し、「排卵日のアタリをつけよう、その前後の危険日だけ禁欲しよう」というのがオギノ式です。日本では多くのカップルがこれを利用し、多くのカップルが失敗して、後悔しています。

月経予定日はあくまで予定日なのです。予定は狂うしはずれて当然！ まして月経の不安定な思春期には、予定日そのものがない、と思いましょう。決して使ってはいけません。

ただ「赤ちゃんが欲しいから、ぜひ、その危険日にセックスしたい」というカップルのために、計算のしかたを、参考までに書いておきます。

この一年間の月経周期を調べたら、最短28日、最長35日で、今回の月経が4月1日だった人の場合。

- 次回月経が最短パターンで来るとしたら、4月29日です。
- 排卵日は4月13～17日の間です。当然危険日です。
- 排卵日前の、子宮の中で精子が生きてる3日と注意日2日＝4月8～12日も危険日です。
- 排卵日後の注意日2日＝4月18・19日も危険日です。
- つまり4月8～19日が危険日です。
- 次回月経が最長パターンでくるとしたら、5月6日です。
- 排卵日は4月20～24日で、危険日です。
- その前の4月15～19日も危険日です。
- 排卵後の4月25・26日も危険日です。

最後にこの二つを一緒にします。

あなたの危険日は4月8日～4月26日です。
どうぞ可愛い赤ちゃんを産んでください。

●次回月経が28日周期なら

4/1	2	3	4	5	6	7
今	月	の	月	経		
~~8~~	~~9~~	~~10~~	~~11~~	~~12~~	~~13~~	~~14~~
					は	い
~~15~~	~~16~~	~~17~~	~~18~~	~~19~~	20	21
ら	ん	日				
22	23	24	25	26	27	28
29	30	5/1	2	3	4	5
次	回	の	月	経		

●次回月経が35日周期なら

4/1	2	3	4	5	6	7
今	月	の	月	経		
8	9	10	11	12	13	14
~~15~~	~~16~~	~~17~~	~~18~~	~~19~~	~~20~~	~~21~~
					は	い
~~22~~	~~23~~	~~24~~	~~25~~	~~26~~	27	28
ら	ん	日				
29	30	5/1	2	3	4	5
6	7	8	9	10	11	12
次	回	の	月	経		

無教養が招く妊娠　精子たちの笑いもの編

精子たちの笑いもの

世の中には、避妊のつもりで避妊にならない、誤解、偏見、迷信がてんこもりだ。オイオイ、そこのキミ！　まさか信じちゃいないだろうな。僕たち精子の笑いものだぜ。

右往左往・笑いもの

『セックスのあと、タンポンで吸い取る』

はっはっは。もう子宮の中だよ。間に合うもんか。

一目瞭然・笑いもの

『膣洗浄法で精子を流す』

セックスのすぐ後で、女のコが膣にいる僕たちを洗い流そうという試みらしいが、無駄骨もいいところだ。

セックスの時、男のコのペニスの先っちょは子宮口の真下にある。そこで射精するんだから、僕たちはもうストレート、瞬時に子宮の中さ。跳び起きて洗ったところで、まあ、トロい仲間が数人犠牲になるぐらいで、大半の精子が卵子を取り囲んでくどいているよ。

それにビデの水が届くのは、携帯式でも備え付けでも、膣の中だけなんだぜ。子宮の中には入らない。食後に一生懸命歯を磨いたって、おなかに入ったご飯やパンや魚や煮物がどうにかできるか？　同じことサ。

あとの祭りで、へっへっへ、妊娠成立♡♡

言語道断・笑いもの

『膣外射精を自慢する』

膣外射精とは、男のコが射精の直前にペニスを膣から抜いて、膣の外に射精することだ。彼らの多くは「外で出すから大丈夫だヨ」「今まで失敗したことないからサ」「上手なんだよ、オレ」と、さもセックスの高級なテクニックのように自慢するが、断じて避妊法ではないんだぜ！

なぜなら男のコが射精と気づくもっと前からぬけがけを狙う僕たちの仲間がぞろぞろ漏れ出しているからだ。実際、調べてみると射精の前にペニスから分泌される透明な液（クーパー腺液→P.42）は、精子だらけ。射精本番にペニスを抜いたって、間に合うワケがないだろう。まったく避妊にならないんだ！

第一、射精は男のコのオーガズムの瞬間。頭の中はまっ白々で、「ガマンして抜く」なんて芸当のできる状況じゃない。一瞬でもタイミングがずれれば、完ペキアウトで妊娠だ。その危険な膣外射精をヘーキで自慢する神経は、女のコとして絶対疑うべきだね。まず、コンドームを使うのがメンドーなだけの言い訳サ。さもなきゃ、AVの見過ぎで、男優きどりのおばかさんだ。どっちにしても妊娠なんて〝へ〟とも思っちゃいないよ。

彼らの口車には、いっさい乗るんじゃないぞ。「ゴメン」ですめば警察はいらないんだからな。

避妊知識実力テスト20の解答

ぜ〜んぶ✖だぜ。ワーッハッハッハ

P.62でできなかった問題は、指定ページの解説を読みなおしましょう。

①＝P.84 ②＝P.43 ③＝P.76 ④＝P.87
⑤＝P.87 ⑥＝P.87 ⑦＝P.64 ⑧＝P.84
⑨＝P.85 ⑩＝P.68 ⑪＝P.90 ⑫＝P.87
⑬＝P.81 ⑭＝P.86 ⑮＝P.74 ⑯＝P.86
⑰＝P.87 ⑱＝P.81 ⑲＝P.76 ⑳＝P.35

絶体絶命・笑いもの

『2回戦の精液は薄いから妊娠しない』

1回の射精で出る僕たちの人数は3〜4億人。そりゃ立て続けに射精すれば多少は減るけど、卵子とツーショットできるのはたった一人、一人なんだよ。4億人が一人になるまで射精できるか？ その前に男のコがダウンだろ。ゴクロウサマで妊娠だ。

抱腹絶倒・笑いもの

『膣にレモンや梅干しを入れておく』

僕たちが酸性に弱いと思ってなめてるな。膣の分泌液だって酸性なんだぜ。それをくぐり抜けて卵子のもとに通っているんだ。食べ物ぐらいに負けるワケはない。妊娠プラス膣炎を起こして、お医者さんにしかり飛ばされるのがオチだね。

徹頭徹尾・笑いもの

『女のコが上の体位でセックスする』

精液が流れ出ると期待してるのか。おあいにくさま。僕たちは自力で泳げる！ なんと女のコの内股からはい上がって、見事妊娠に成功した仲間もいるんだ。よーく覚えておきたまえ。

前後不覚・笑いもの

『セックスのあと跳びはねる』

ふん。泳ぎは上手だと言っているだろう。卵子に会うまで逆さに振っても諦めないよ。

支離滅裂・笑いもの

『コーラで洗う』

食べ物には負けないってば。それに洗ってるころには、とっくに子宮の中で卵子を目指してまっしぐらサ。

呆然自失・笑いもの

『射精の時、男のコが息を止める』

それで僕たちが酸欠でも起こして死ぬってか。別に肺呼吸もエラ呼吸もしてないぜ。苦しいのは男のコだけ。その隙に妊娠だい！ わーっはっはっは！

悲しいけれど中絶という選択をする時がある

ABORTION

〝失敗〟をバネに人生を突き進む勇気を

本当に堕ろしたいのか

中絶しか道がないと涙声で訴える女性を前に、「本当に堕ろしたいのか」と不安を覚えることが少なくない。年齢が、経済力が、親が、学校がと口走る姿をよそに、「みんな解決したら産みたいの？」とつい声を掛けたくなる。

保育大学校の1年生だった。母親に連れられての受診。開口一番が「中絶して欲しいのですが」の声。親娘とも、「中絶」「中絶」と騒ぎ立てるのだ。妊娠20週。優生保護法で規定されている中絶許容の限度22週には、もうさほど時間がなかった。猶予はない状態だった。

「胎動もあるんです」という彼女の言葉が、一抹の不安を抱かせた。本当に堕ろしたいのだろうか。

「今となっては、堕ろすことではなく、産んだとしたらどんな問題があるか、その問題をどうしたら解決できるかについて考える時期ではないの？」という僕の言葉を遮《さえぎ》るように、母親はこう続けた。「日本の法律では21週目までは中絶ができるのですよね。それならば、中絶できるようにしてやってください。娘は、保母になることが子どもの頃からの夢だったんです。その夢は、あと1年ちょっとで実現するんです。今、こんなことで時間を無駄にしている暇はないのですから……」と。

　僕はとっさに尋ねた。

「君はどうして保母になりたいの？」

「赤ちゃんが好きなんです」

　笑い事ではなかった。このコは本当に堕ろしたいのだろうかと、疑問を抱かずにはおれなかった。

　親と娘の意見の食い違いを感じとった僕としては、タイムリミットがあることを承知で、「十分検討して悔いのない選択を」と言って、その日は帰ってもらった。しかし、予約日になっても彼女は現れなかった。しばらくして、「中絶してくれるところが見つかりましたので、お願いしました」との母親からの電話。これでよかったのか、悔やまれる体験だった。

　彼女は十分納得の上の合意ができたのだろうか。なぜ、6カ月になるまで、妊娠の事実を告げなかったのだろうか。親や社会の圧力に屈したなんてことはないだろうか。自分自身の人生をどう捉《とら》えているのだろうか。

本当に産みたかったのだろうか

　高校2年生の女のコだった。3時間もかけてクリニックにやって来たのは、妊娠を専門家として確認して欲しいという願いからだった。結果は妊娠5週。

「妊娠だよ」と告げると笑顔が返ってきた。「やっぱりですか、先生。よかった」と。「産めるの？」「もちろん。だって彼もそうしろって言ってくれているし」「そうか、よかったな。学校の方はどうするの？」「1年間くらい休学したっていいかなと思って。人生85年ですものね」

「そうだよな、焦《あせ》る程の年齢ではないよな。そう決心しているのならば、周囲の圧力に負けないで、頑張るんだぞ。僕だって、医者としてできることがあれば、お手伝いするからな」

　久しぶりのひと時だった。高校生妊娠といえば、中絶と相場が決まっているのに、今回は違っていた。「産みたい、産める」の声に、僕自身でさえ心が高鳴るのを感じた。

　女のコの診察を終えた後、母親を部屋に招き入れて、「おめでとうございます。娘さん、妊娠5週でしたよ」と言った時だ。母親の困惑気味な顔と言葉が忘れられない。「ありがとうございます。でもね、娘が高校3年生でしたらね」

　3年生だったら、学校には内緒にして卒業できる時期だったのだ。高校2年生というのは何とも複雑だというのだ。それから母親は一つ一つの言葉を噛みしめるよう

に語りだした。

「相手は一年先輩のしっかりした男のコなんです。薬局で買った妊娠判定薬で妊娠を確認した直後、私の家に二人で来ましてね、私の前で頭を垂れて謝るんです。申し訳ないことをしてしまったと。ついで、産んで欲しいと願っていると言われた時には、腰が抜けてしまうほど驚いてしまいました。おなかを痛めて産んだ娘から、妊娠の話をこんなに早く聞くとは思ってもいませんでしたからね」

彼には白血病の弟がいたという。数カ月前にこの世を去った弟の生と死をさ迷う姿を目の当たりにしていた彼にとって、付き合っていた彼女の妊娠には特別な意味があったのだ。もちろん、妊娠したいと思っての妊娠ではなかった。曖昧《あいまい》な避妊知識の中での思いがけない妊娠だったのだけれど、二人は話し合いの末、妊娠継続を決め、彼女の家に向かった。彼女の母親に自分たちの意志を告げると、今度は自分の家に戻って両親を前に宣告。両家は大騒ぎとなり、家族会議を開くことになったが、その前に妊娠の確認を専門家に委《ゆだ》ねようというのが、きょうの受診となったわけだ。一応の理解を得られたと確信している女のコと、戸惑う母親の姿のギャップが印象的だった。

それから5日後に彼女は中絶した。家族会議はさんざんだったのだ。「初めから親に面倒みてもらわなければならないなんて、子育てとはいわない」との父親の声。「妊娠したという事実だけで満足しなさい、高校を卒業したら結婚させるから」と諭《さと》す父親の言葉。「結論は二人で」と親に迫られて、結局は中絶となったのだ。

中絶を終えて帰宅する時の、彼女の晴れ晴れとした表情には慌てた。「産むんです」と快活に語っていた時と、今の態度には、大きな違いがみられないのだ。肩の荷が降りた安心感がそうさせるのかは分からないが、このコは本当に産みたかったのだろうかと、考え込むことになった体験だった。

中・高校生の出産は罪悪か

以前、大阪の中学生が、妊娠・出産したという報道をきっかけに、「中学生妊娠」の大論争が起きた。僕自身も『朝まで生テレビ!』の論争に呼び出されたり、新聞、雑誌での取材と追いかけ回された。要約すればこうだ。中学生が妊娠し出産、その事実を、同級生が卒業式の答辞の中で紹介した。「私は、勇気ある友人の行動によって、命の大切さを学びました」と。妊娠した彼女は、学校と相談し、産むことを決めた。でも勉強を続けるためには、友人たちの理解が不可欠だったので、生徒集会で妊娠・出産宣言をした。職員会議でも、大問題になったが、「学びたい」という思いと、「産みたい」という希望を満たす方法はないかと考え、学ぶ権利と産む権利を保障するための学校としての体制づくりを検討しようということになった。家庭科の先生は、制服をマタニティー風に作りかえて、彼女を支援したという。

これらの事実がマスメディアで紹介されるや、是々非々の大論争が起こった。「中学生の妊娠を放置するなんて学校側は何をやっていたんだ」「中学生の小娘に子育てができるか」「生命尊重を貫いた指導は評価できる」などなど。

中学生の出産が、こんなにも大きな社会問題として取り上げられる程、わが国での経験が乏しいのか。中学生妊娠に否定的な社会であるからなのか。マスメディアの扱いもプライバシーの保護などどこ吹く風とばかりの節操のないものであった。

中学生や高校生の妊娠は本当に罪悪なのか。望まない妊娠を防止するための避妊法に無頓着なセックスをして、その後始末の中絶ではなんとも頂けないことは言うまでもない。一方、そこに至る過程がどうであっても、「産みたい」と願うことがあっても不思議ではない。ハイティーンであるならば、産むことへの障害は医学的にはないと言えるだろう。仮に問題があるとしたら、周囲には歓迎されない出産であったり、未婚期の出産であったりする場合であり、年若くても祝福のうちに出産に至り、経済的にも援助を受けることができるならば、妊娠・出産における異常の発生頻度には、成人と比べても違いはない。社会的にはまだ自立への道が遠いとはいえ、遅かれ早かれ社会人として独立できる時が訪れるのだから、一時的に親や親族の援助を受けたり、援助したりすることにどんな問題があるといえるのだろうか。

産むことだけが美徳ではない

わが国では、生命尊重の名のもとに、産むことを美徳と考える風潮が根強い。しかし、どんな状況におかれようと、絶対にあって欲しくないのは、望まない出産をすることだ。自分の意志を曲げて、「産めばなんとかなるさ」などという無責任な姿勢で子を産むことだけは避けて欲しい。

中絶だって、君の人生における一つの選択なのだ。でも、こうと決めた以上、後悔の日々を送ることがあってはいけない。60歳、70歳になってもなお、中絶の日を忘れずに水子供養に出かけるという女性がいるが、僕には奇異な光景にしか映らない。人生なんて失敗の繰り返しなんだから、それをバネに前へ前へと突き進む勇気だって必要なんだ。確かに水子供養も心を慰める方法の一つかもしれないが、とにかく引きずっていって欲しくないのだ。中絶は確かに望ましいことではないけれど、現時点ではこれが一番いい選択だったと思えるような中絶ができるように、そして、その後再び中絶を繰り返すことがないようにと願っている。

妊娠かも……と思ったら

❶月経の遅れ

妊娠の一番の兆候は、月経が予定日を過ぎても来ないこと。2週間たってしまったら、どんなに不順なコも産婦人科へ行きましょう。

❷基礎体温の高温相が続く

3週間、高い時期が続いたら、ほぼ間違いありません。軽い風邪のように微熱が続く場合も。体温表を持って病院へ。

❸つわり

早いコでは、月経予定日を過ぎるころから、気持ちが悪くなることがあります。起きぬけや空腹時にムカムカ、生唾が出たり……。ニオイに敏感になる、食べ物の好みが急に変わることも。

ただ、まったくつわりのない人もいますから、元気でもアテになりません。特にTVドラマのように、ある朝突然ゲロリンパ！ なんてことは現実には滅多にないことです。

セックスしたなら「まさか」じゃすまない

女の子なら誰だって、セックスしたら、妊娠する……。

その時のこと、今までにパートナーと真剣に話し合ったことがありますか。セックスのすぐ向こうにいつもある、厳しい現実。赤ちゃんを産めない立場の二人にこそ、覚悟していて欲しいんです。どんなに避妊に気をつけたつもりでも、絶対なんてないからです。

「まさか、そんな、私に限って……」

「明日はきっと月経がくるから……」

一日延ばしにゴマかさないで。あなたには、『これから』のことを、しっかり考える時間が必要です。オトナの女性としてやってく自信があるからこそ、セックスを体験したはずだもの。自分自身のからだのこと、人生のこと、冷静に見つめる分別を持たなくっちゃ。

月経の遅れに気付いたら

月経サイクルのチェックは万全ですか？ もしも月経が2週間以上遅れたら、妊娠を疑ってください。

月経の量が極端に少なかった時も心配です。「着床《ちゃくしょう》時《じ》出血《しゅっけつ》」といって、妊娠した時に、軽い月経様の性器出血をみる人もいますから、そのまま月経とカン違いしてしまうと、妊娠に気付くのが大幅に遅れてしまいます。

セックスを経験したら、基礎体温を計っておくのが一番です。月経の不順なコには絶対必要です。高温相が3週間以上続いたら、まず妊娠と思って間違いありません。

グズグズ迷わず産婦人科へ

妊娠について、正確な判断ができるのは、産婦人科の医師だけです。「やっぱり、妊娠？……」と思ったら、もう迷わず病院を訪ねましょう。不安なまま、フラフラ迷っていても、苦しいのは結局自分自身。どうせ行かなくてはいけないんだから、早いほうがいいに決まっています。

妊娠の進み具合の目安となる「妊娠週数」は、最後の月経の初日から、0週として数え始めます（→P.65）。月経周期が28日型なら、月経予定日は4週目に入るところ。2週間遅れた時点では、もう6週目に入ることになり

❹乳首の変化

おっぱいが張ってきたり、乳首がデリケートになったり。なんとなく黒ずんで大きくなることも症状の一つ。

❺オシッコが近くなる　ベンピがちになる

いずれも妊娠によるホルモンの変化から起こる可能性があります。

❻おりものが変わる

白っぽく、量が増えるかもしれません。

❼疲れやすくなる

だるい、眠い、気分がイライラ落ち着かない、なんて精神的にも影響が。

ます。その意味からも、グズグズはできません。

　中絶手術を受けるとしても、11週以前の初期のうちなら、からだへの負担がずっと軽くてすみます。もし12週以降、中期に入ると胎盤が完成し、胎児も大きくなっていますから、手術の方法も異なり、とっても大変です。さらに22週に入ると、法律で一切の中絶手術が禁じられています。

妊娠には〝異常〟もあるから

　妊娠とひとくちにいっても、必ずしも正常に進んでいるとはかぎりません。なかには、命にかかわる大きなトラブルがあります。

子宮外妊娠《しきゅうがいにんしん》・本来なら子宮内膜に着床する受精卵が、卵管や卵巣などに着床することです。当然胎児の育つスペースはありませんから、組織が破れるなどして激しい腹痛と出血が起こります。手遅れになるとショック状態となり、一刻を争います。

胞状奇胎《ほうじょうきたい》・受精卵は着床すると、子宮内膜に胎盤の元となる根っこ＝絨毛《じゅうもう》をつくります。が、まれにこの絨毛が異常増殖し、子宮の中にブドウの房のように広がることがあります。これを胞状奇胎といい、胎児は育ちませんから、手術で取り出さなければなりません。

流産・腹痛と出血とともに、子宮内の胎児と付属物が出てしまうことです。至急に医師の手当を受けなければ危険です。

　妊娠と気付いた時点で、産婦人科医の診察は必ず受けておきましょう。めったにないこととはいえ、妊娠を公にできない立場で、通学途上、授業中などに出血等のトラブルがおこれば、二重の意味で苦しむことになってしまいます。自分のからだのことは、自分が一番正確に知っておかなくては。こんな時こそ逃げちゃいけない！

　万一異常があれば、若いあなたの手には負えません。早急に両親に相談してください。

妊娠検査薬

　自分で尿検査をして、妊娠の有無を調べることのできるキットが「妊娠検査薬」として薬局などで売られています。500～1000円前後。メーカーも種類も様々です。

　しかし、精度がよくなったとはいえ、素人では判定ミスをおかすことがありますし、陰性と出ればまた不安で、何度もチェックを繰り返すことになります。妊娠の異常についてもいっさい分かりません。いずれにしても、医師の診察は欠かせないのですから、高いお金を使って、回り道をすることはないのではありませんか。

産婦人科に診察を受けに行く

受付で

「月経が遅れているんですが」問診表を渡される。ちゃんと本名を書くんだよ

病院に行くと

産婦人科なんだから、おなかの大きい妊婦さんがいるのは当たり前。産めない立場のコにはプレッシャーだけど、ここでメゲてちゃ問題は解決しない。他にも子宮筋腫とかポリープとか病気のために来てる人だっているんだから。人間、立場はそれぞれだ。どーどーとしていよう

どこの病院へ

産婦人科は、若い女のコにとって、歯医者さんのように気軽に行けるところではなさそう。でも、先生たちは女性がかかえる問題の手助けをしたくって『産婦人科』の道を選んだ人ばかり。女のコたちの味方です（↓P.126）。何もキンチョーしまくることはありません。

妊娠初期の検査をするだけなら、特別有名な病院を探す必要もないでしょう。以前かかった産婦人科があるなら、そこへ。まったく初めてなら、近所の病院を3～4件覗《のぞ》いてみて、20～30代の女性ではやってるところがおすすめです。オトナの女性たちは独自のネットワークを持っていて、病院情報もマメに交換してるもの。このさい利用させてもらいましょう。

パートナーと話し合って

パートナーには、女のコのつらい気持ちを一緒に受け止めて欲しいものです。二人のためにあったセックス。その結果としてある妊娠も、もちろん二人の責任です。だから病院だって、必ず二人。妊娠がどんなに大変で、大切なことか、男のコでも、いえ男のコこそ知っておかなくてはいけません。

万一、トンズラ決め込む、無責任やろーだったら、放り捨てておきましょう。あなたが張り倒さなくても、どーせ今に天罰が下ります。つまんない男のために気持ちを乱しちゃダメ！

大丈夫。あなたはもうオトナの女性だもの。自分で立派に乗り越えていけるって。

お金と服装・心構え

正常な妊娠は病気ではないので健康保険は使えません。ただ異常の見つかる場合もありますから、保険証は持っていってください。検査と診察で1万円ぐらいかかります。お金は余裕をもって用意しましょう（男のコ、キミの出番だ）。

服装は、脱ぎ着しやすい前開きのものを。内診がありますから、ボトムはフレアーやプリーツスカートがベストです。ハンカチ、ティッシュも当然必携。

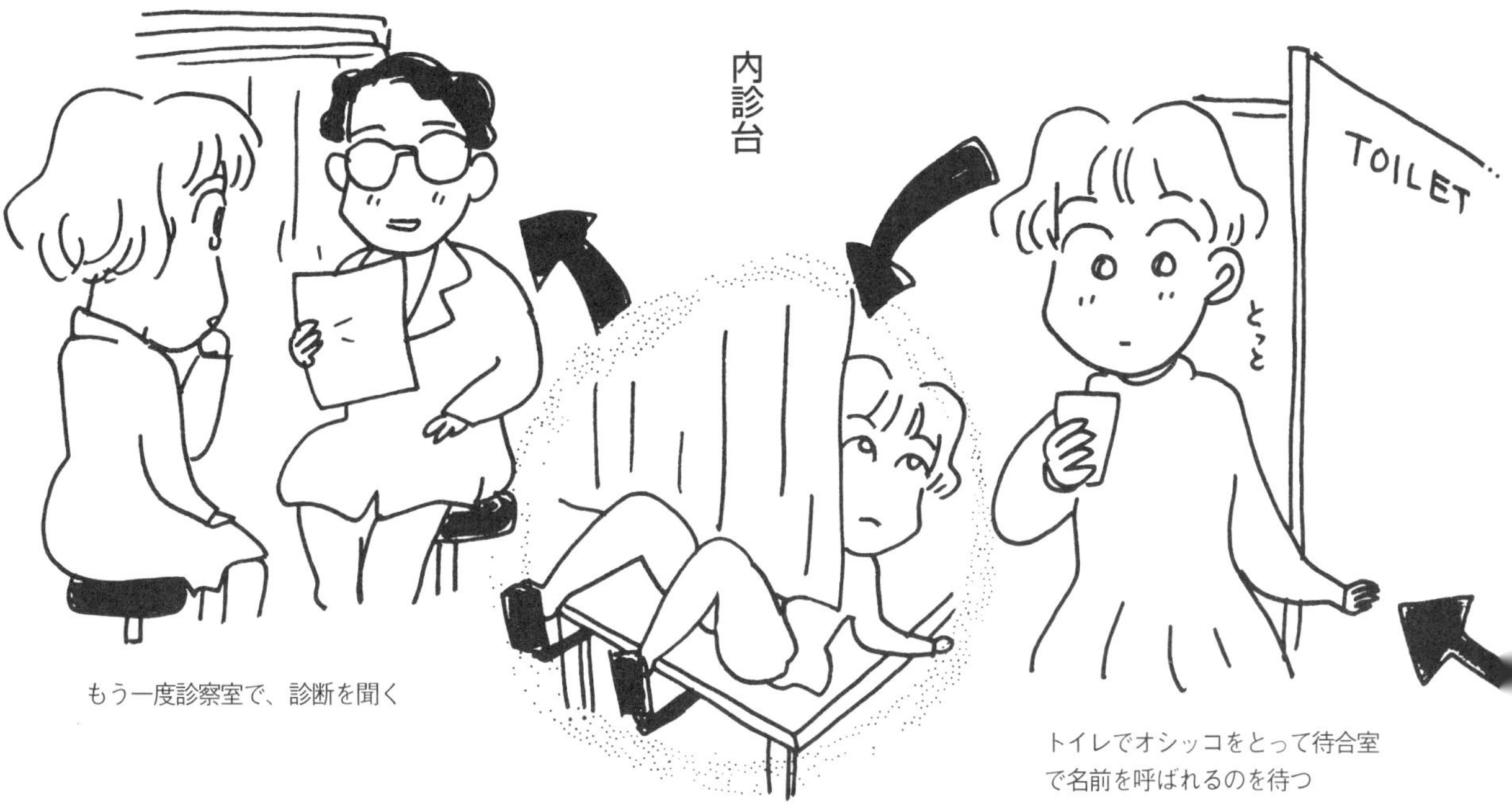

もう一度診察室で、診断を聞く

トイレでオシッコをとって待合室で名前を呼ばれるのを待つ

病院に着くと・問診表と尿検査

初診では、たいがい受付で問診表を渡されます。これは医師の正確な診断のために、絶対必要なもの。ウソ・イツワリなく書いてください。セックスの経験や過去の妊娠、中絶の有無など、答えにくいものもありますが、お医者さんには職業上知り得た秘密を必ず守る義務があります（違反すると罰金です）。あなたが未成年でも、両親、学校、パートナーに勝手にチクるようなことはありません。あらかじめ質問事項を整理してから出掛ければ、アセらなくてもすむと思います。

問診表を受付に返すと、尿検査用のコップを渡されますから、トイレで採尿し、指定された場所に置いてください。待合室で名前を呼ばれたら、診察室に入ります。

メゲずに内診

医師の簡単な問診のあと、看護師さんに内診台（→P.127）へ案内されます。下着をとって（スカートはまくれるものならはいてOK）コケないように上がってください。大胆なポーズは当然抵抗ものですが、ここまで来た以上、開き直って「まな板のコイ」で行く。深呼吸してからだの力を抜くのが、楽に診察を受けるポイントです。膣や子宮の状態から、きちんとした診断が下されます。

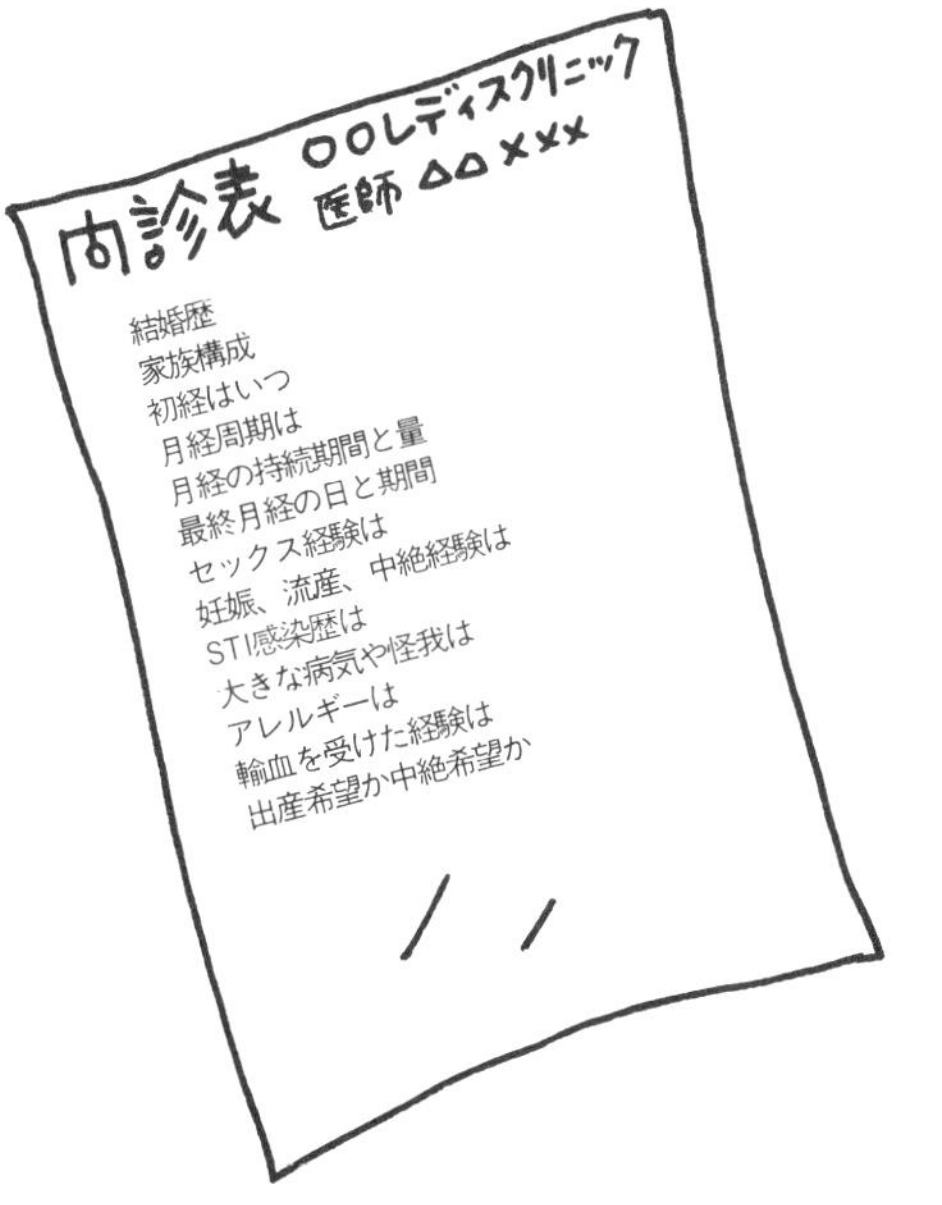

落ち着いて、診断結果を

結果が妊娠ならば「妊娠です」「X週です」「おめでたです（どこが）」「出産予定日はX月Y日です」などと告げられるでしょう。ここでパニックしない！

中絶希望なら、落ち着いてその旨を話し、医師の立場でのアドバイス——とても大事なことです——をよく聞いてください。もちろんその場で手術なんてことはありません。帰ってからあらためて、あなたの結論を——。

人生のためにも自分自身の選択を

妊娠かも……から妊娠！　現実のものとなった時、さあ、何から考えましょう。

「親にバレたらマズい」

「学校に知れたらヤバい」

若い世代の『性』に、世間一般、まだまだ見る目は冷たいから、パニくる気持ちもよくわかります。だけど、そんな追い詰められた思いのまんま、中絶に駆け込んじゃダメ。自分を大事にできっこない。『妊娠』は女性の人生の、大きな大きなターニングポイントだもの。

「産む」としても、「産まない」としても、その選択はあなたが、あなたの人生を、よりよく生きるためのステップにしていかなくちゃ。

それには決して自分一人で、彼と二人で、空回りしないこと。『妊娠』では、いろんな世代の、いろんな立場の女性たちが、いつだって悩んでます。社会の制度やあり方とも、深く深くつながってます。まず、そこから考えて、ひと息入れましょう。そう、つらいのはあなた一人じゃない。

そして信頼できるオトナをまじえ、もう一度、筋道たてて「産んでガンバル私」と「産まないで乗り越える私」をシミュレーションしてみます。学校、生活、お金、将来……。きっと自分とパートナーの問題点が、もっとはっきり見えてくるはずです。

この辺で、できることなら二人の両親にも登場してもらいませんか。きっと第一声が「ばっかやろう」。張り手の一つも飛ぶでしょう。でも親は、我が子のピンチに決して後へは引かないものです。知恵とお金のありったけを出して、あなたを守ろうとするものです。いーじゃありませんか、親なんだもの、少々迷惑かけたって。それが親の役目だもの。こんな非常事態にムリしてツッパることなどない。オトナたちの親身の言葉は、ともすればくじけて投げやりになるあなたの心を、必ず支えてくれるんです。

さあ、少しは気持ちが落ち着きましたか。これからがホントの勝負。もう一ぺん、自分のための結論を気合を入れて出してください。たとえそれが、初めと同じ「産まない」選択だとしても、とことん納得してのことなら、つらくたって人生をプラスで乗り越えられる。自分を責めるだけで、悲しみを引きずるだけで、中絶を終わりにしたら負けだもの――。

10代の女性

- 学校が妊娠、出産を認めない。
- 勉強と両立できない。
- 進学、就職が不利になる。
- 経済力がない。
- 親が厳しく反対する。
- パートナーが逃げてしまった。

ボクたち
わたしたちは
勉強と
育児を
両立させるコトを
ここに
宣言します!!
ガンバレ〜
大人たち

女性たちの「どーしようか」妊娠

20代〜30代の女性

・まだ学生である。
・仕事と両立できない。
・パートナーと結婚できない。
・パートナーと結婚したくない。
・パートナーと別れたあと。
・パートナーが妻子持ち。
・パートナーの子どもかどうか分からない。
・保育園などの行政制度が不十分。
・給料が安い。
・住宅事情が悪い。
・持病があって妊娠継続が難しい。
・心身に障害があり、周りの理解、協力が得られない。

40代〜50代の女性

・体力に自信がない。
・住宅ローンの支払いに追われている。
・上の子の受験とぶつかる。
・娘の出産と重なる。
・夫が反対する。
・夫が単身赴任で大変な時期。
・夫はすでに定年退職。
・夫の子どもではない。
・家族に病人がいて余裕がない。
・老いた両親の世話がある。

【中絶を選択したコのために】
中絶手術Q&A

中絶手術は自分自身のからだの問題。きちんと知っておきたいから、北村先生に3つのQ&A。病院でも医師の説明をよく聞いて、納得の上、手術を受けてください。

Q どのような手術ですか?

人工妊娠中絶手術は妊娠11週までの初期の手術と、12週以降の中期で、方法が異なる。

初期の手術は器械的な方法。子宮の入り口を広げ、内容物を除去し、内膜を掻爬《そうは》すること。まずはピンホールのようになっている子宮の入り口にラミナリア桿《かん》という海藻の茎を原料とする棒状の医療機器を挿入し、ラミナリアが水分を含んでジワジワ膨らむのを利用して、入り口をゆっくりと広げていく。それからヘガールという拡張器を使って器械的に広げ、胎盤鉗子《かんし》や流産鉗子によって、子宮の内容物(胎児とその付属物)を取り除く。最後はキューレットという器具による子宮内膜の掻爬《そうは》。胎盤鉗子や流産鉗子のかわりに、陰圧で吸引して内容物を取り除くこともある。手術中は局所麻酔や、眠気を起こすような薬を使うので、意識が朦朧《もうろう》とした状態で手術は終わる。この間10分から20分。

中期に入ると、子宮が柔らかくなっているため、器械的な方法では危険。プロスタグランディンE_1を座薬として、繰り返し膣の中に入れて、子宮の収縮を起こさせ流産に導く。この薬の扱いは麻薬なみに厳しく、母体保護法指定医だけが許可されており、中期中絶以外に用いることはできない。プロスタグランディンを

Q とても危険な手術とききますが、本当ですか?

今までの性教育といえば、中絶の手術をすると将来赤ちゃんができなくなる、子宮を傷つけたり穴を開けちゃうことがあるなど、手術の危険性をこれみよがしに教え込むことで、「だから中絶するな」「だから妊娠するな」「だからセックスするな」と強調するものが多かった。誰だって、中絶しようと思って妊娠する人はいないし、中絶をするためにセックスするわけではないのだから、このような中絶手術の指導は無意味だと思う。

危険でないとはいわない。手術は、たとえ抜歯や足の疣《いぼ》を取り除くような小さな手術だって、命取りになることはある。だから中絶手術も例外ではない。手術の操作をする場所が子宮の中であるがために、盲目的な手術をせざるを得ないわけで、器械的に子宮の入り口を傷つけたり、子宮の内容物を完全には取り除くことができず感染を引き起こしたり、子宮に穴を開けてしまったりということがまれにある。中絶すると不妊症になるといわれるのは、そのためだ。中には、局所麻酔をかけた時のショックや、手術後の抗生物質の使用でアレルギー反応を起こしたりという例もあり、軽い気持ちで手術をというわけにはいかないのは事実だ。

が、中絶は母体保護法によって認定された指定医でなければ行えず、その医師は高い技術をもっている。指定医であることを確認し、まかせるならば、大船に乗った気持ちで手術を受けなさい。

妊娠する性を持つ女性にとっては、産むための医療も、産まないための医療も、ともに必要だ。そして誰も

使っても、ラミナリアで子宮の入り口を開き、流産の後処置として掻爬しなければならないことが多い。

が必要な時に、必要な医療を安全に受けることができるということは、とても大切なことだ。

日本では、現在ほぼ安全な中絶手術が受けられるということを、知っておいていいと思う。

Q からだへの影響は？ 将来赤ちゃんは産めますか？

大切なことは、手術そのものよりも、手術後の君自身の生活にかかっている。たとえ医師の説明をよく聞き、納得して手術にのぞみ、手術がうまくいったとしても、その後に不節制な生活をすれば、なんにもならない。だから、日帰りコースの慌ただしい中絶ではなく、せめて一泊二日のゆとりをもって入院する気持ちを忘れずに。

手術直後に無理をすると、大量出血なんてことにもなりかねないから、帰宅したその日は、しっかりと安静を保つこと。できたら3、4日はいつでも横になって、ゆったりとした時を過ごせるようにしたいものだ。親に内緒、学校には知られずにといって中絶したこともあってか、手術をしたなんてなんのその、翌日は体育に、クラブに頑張って体面を保つなんて愚かなことだけはするな。嘘も方便、大人びた行為を体験した女のコなんだから、大人らしくうまく立ち居振る舞おう。そんなことがあるから、親を巻き込んでの手術ができればいいのだが……。これは医者である僕からの忠告。

帰宅後、数日間は少量の出血があったり、麻酔の影響などもあって頭がボーッとしていたり、子宮を元に戻すための収縮剤を飲むので時々お腹がきゅっと痛くなったりするものだ。でも38度近い熱が続いたり、月経の時にも体験したことがないような大量の出血があったり、耐え難い程の痛みがあったら、予約日なんか気にせずに医者に行くこと。

何にも増して、僕が一番心配するのは、中絶をしようという場合に、君が十分納得の上の合意のもとに中絶ができるかどうかだ。「産みたかったのに産めなかった」では悔やまれて仕方ないだろう。今自分の置かれている環境や立場を考えたら、これがベストの選択といえるような中絶であるように。そうでないと、水子供養のために日参なんてことにもなりかねないからだ。中絶の選択をした君に対して、彼がよき理解者として君を励まし続けられるようなパートナーであることを信じたい。

「将来赤ちゃんは産めますか」との不安があるようだけど、心配無用。むしろ、今回の妊娠で、妊娠できるからだだってことがはっきりしたことは大きな収穫だ。自信いっぱいに、近い将来の喜びの妊娠を待ち望んでいたらいい。でも、前に述べたようなことを十分に頭にたたき込んでおいて、再び同じことを繰り返さないようにして欲しい。

中絶を乗り越えるためのAtoZ

A 中絶と法律

中絶手術は、最終的に女性個人が選択すべきことですが、法的にはまったく自由というワケではありません。日本には刑法第29条に『堕胎罪』があり、原則禁止となっています。ただ母性の生命健康の保護を目的とした『母体保護法』の条文に当てはまる場合に限り、許可されているのです。

その条文の主なものは◎身体的、経済的理由で、妊娠・分娩が母体の健康を損なう恐れがある。◎脅迫またはレイプによって妊娠した場合。そして実際には『経済的理由』が拡大解釈されて、ほとんどの中絶が行われています。みんなの場合、許可されないってことはまずありません（ただし妊娠22週未満に限る）。22週以降は「胎児は母体外で生命を保持することができる」とみなされ、いっさいの中絶は禁止。㊟して！

なお、12週以降の中期の中絶の場合には、原則として地域の戸籍係に死産届けを提出する必要があります。

※『母体保護法』は1996年、『優生保護法』のうち「優生上の見地から不良な子孫の出生を防止する」という差別的な目的が削除され、改正された法律です。

B 病院の決め方

中絶手術は、母体保護法で指定された医師＝母体保護法指定医でなければできません。

それにとってもデリケートな手術だから、みんなのからだと心を十分ケアしてくれる医師にかかりたい。スタッフや入院設備などが整っていることも大切です。「飛び込み」で決めちゃダメ。信頼できるオトナ、できれば出産経験のある女性にじっくり相談してください。

病院が決まったら、あらためて診察を受けます。この時、手術について納得いくまで医師の説明を聞きましょう。自分のからだのことですよ。

C 同意書

病院で手術日を予約したら、当日までにあなたと〝配偶者〟の同意書を用意します。事前に用紙を渡されるはずですから、そこに二人の住所、氏名を書きハンコを押します。外部にモレるようなことは決してありませんからご心配なく。なお〝配偶者〟は結婚していなくても、パートナーって意味よ。

彼の分の同意書が用意できない場合は、理由をお医者さんに話してね。きっと相談に乗ってくれます。

D 費用

初期：6〜10万円。入院が必要な時は1日につきプラス2万円前後。

中期：約15万円と入院費。1週間なら計30万円ぐらい必要。

他に手術後の検診の費用も。健康保険は原則としてきかない。お金の工面がつかなかったら、もうママにSOS！　グズグズしてたら取り返しがつきません。

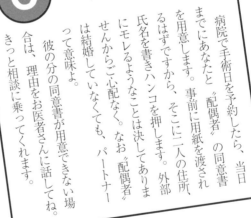

E 手術までの㊟事項

手術のあとは十分な休養が必要だから、日程を決める時は医師によく相談してください。直後に試験で休めないなら、妊娠週数によっては延ばしたほうがいいし、夏休みとかに入るならそのほうがゆっくりできるでしょう。

それまでは、ともかく体調を整えること。正常な妊娠なら、特に日常生活の制限はありませんが、満員電車や階段の上り下りは気をつけて。修学旅行、体育の授業、部活の試合なんかは当然パス。嘘も方便。もしおなかが張るように痛んだり、出血があれば即、病院へ。

つわりは、空腹だといっそう強く感じます。起きぬけや、休み時間などに、果物、チーズ、お菓子、なんでも食べられそうなものをマメにつまみ喰いすると少しは楽。まれに起き上がれないほどの重症のつわりがあります。その時も病院。

なお、ベンピしやすくなるので、その傾向のあるコは、初診の時に緩下剤をもらっておくといいでしょう。

「産まない」選択をしたとしても、からだはちゃんといたわって、少しでも上手に乗り切ってください。

F 前日の処置

出産経験のないコの場合、子宮口が開きにくいため、手術が難しくなります。たいがいの病院では、前日にラミナリアという細いスティックを子宮口に挿入する措置がとられるはず。材料は海藻の茎で、子宮内の水分を吸収して膨らみますから、一晩かけて子宮口を開くことができるわけです。

帰宅後、少し下腹部が痛むでしょう。つらければ、深呼吸して軽く腰やおなかをマッサージしてみます。シャワー（お風呂はパス）を軽く浴びて、ゆっくり休んでください。不安だからって、お酒なんて飲んだらとんでもないヨ。

G 当日の朝の㊟事項

手術の麻酔に備えて、飲食の制限があります。手術中に吐いて窒息したら大変だから、必ず守ること。

医師に顔色が分かるよう、メイクやマニキュアはしないでください。

服装は脱ぎ着しやすい前開き。プリーツかフレアースカートで。

H 持ち物チェック

- お金
- 同意書
- 生理用ショーツとナプキン数枚
- ティッシュ、ハンカチ、タオル
- 寝間着（前開き）
入院に備えて
- 洗面用具
- 下着の替え

I 病院についたら

まず血圧や熱など、体調のチェック。風邪、ゲリ、ベンピなどがあれば告げてください。持参した生理用ショーツとナプキンを看護師さんに渡します。このあと、麻酔中の呼吸をスムーズにするための注射があります。

J 手術台へ

下着をとり、手術台へ上がると足を固定されます。麻酔の注射がうたれ、数をかぞえるよう指示されます。軽い全身麻酔ですから、ここからは意識がなくなります。

K 手術

P.98に。初期の手術なら、10～20分で終わります。

L 手術を終えると

気がついた時は、生理用ショーツとナプキンをつけて、ベッドに寝ているはずです。このあと検診があり、異常がなければ、一休みしてから帰宅を許可されるでしょう。

M タクシーで帰ろう

途中で貧血や、吐き気が起こるかもしれません。元気なワケないんだから、近くてもゆっくりタクシーを使って。付き添いの人は絶対に欲しい。ママかパートナーがベストだけど、無理なら信頼できるオトナの女性。せめて親友にはネ……。

貧血（→P.135）になりやすい時です。鉄分をしっかりとりましょう。レバー、ヒジキ、ゴマ、シジミ。こんな時好き嫌い言うんじゃないの。体力を回復するために、上質のタンパク質も大切。卵、肉、魚（アジ、イワシ、サンマ、サバなどの背の青いタイプ）、牛乳、ヨーグルト、豆腐。気力を取り戻すためにも、からだは

N 家についたら

ともかく医師の指示を守ること！　たぶん膣内にガーゼが入っているから、取り忘れないように。細菌感染の原因になります。もらった薬（抗生物質や痛み止め、場合によっては軽い精神安定剤）も必ず飲んでください。

子宮が収縮するため、鈍い腹痛があるかもしれません。使いすてカイロなどにタオルを巻いておなかを暖めると楽になります。

また、出血してるし、子宮内にキズもできてるし、普段なら自浄作用を持つおりものも、消毒で流されていますから、とっても細菌感染しやすい状態です。清潔第一。ナプキンはまめに交換して。トイレでは、ペーパーを使ったあと、清浄綿（滅菌したウェットティッシュで、薬局で売っています。ビニールに個別包装されているので携帯にも便利）で拭くのが◎。これは出血がおさまるまで続けましょう。ボーコー炎にもなりやすいので、その予防にもなります。

お風呂、シャワー、シャワートイレについても、医師の指示どおりに。

O 学校はシカト

手術後は、仮病でもなんでも、3日間は安静に寝ていることです。無理して学校や仕事にでかけたら、子宮の回復が遅れてしまうし、何より体力を消耗して、イッパツでバイキンに負けてしまいます。もし子宮が感染症を起こすと、3日どころじゃすまないし、万一後遺症がでれば、将来、大きな悔いを残すことになりかねません。今は何より、あなたの体を守ることだけを考えてください。

好きな音楽でも聴いて、できるだけ気持ちもリラックスさせてあげましょう。

P 栄養たっぷり

資本です。ばくばく食べてください。あと、ベンピを防ぐために、食物繊維もお忘れなく。

反対に刺激の強い、辛いものは出血を長引かせることがあるので、極力避けて。お酒、タバコは当然大×。やけ酒なんて、飲んじゃだめだヨ。

Q 検診日は絶対守る

医師に指定された検診日は必ず守り、子宮の回復をチェックしてもらいます。自分では調子がよくても、どんなトラブルがあるか分かりません。決して甘く見てはダメ。

R からだの㊟㊟㊟事項

順調ならば5日ほどで出血がおさまるはずです。もしも

- 出血がダラダラ長引く。
- イヤな臭いがする。
- おりものがおかしい。
- おなかが痛む。
- 熱がでる。

などの症状があれば、一刻を争って病院へ行ってください。子宮の回復が悪いため、細菌感染を起こしている可能性が！

S 基礎体温で健康管理

月経は、手術した妊娠週数にもよりますが、普通30〜40日で再来します。でも、ホルモンのバランスは乱れがち。きちんと排卵があるのか、自分本来のサイクルに戻ったのか、必ず基礎体温を計って、体調をチェックしてください。二相性（→P.34）にならない、月経がなかなか来ない、不順になった、月経痛がひどくなった、不正出血がある、おりものが変、なんて時は体温表を持って、手術を受けた病院へ行きましょう。

あなたと一緒にガンバッテくれた、あなたのからだです。今回は、子宮にも卵巣にもムリをお願いしたんだもの。しっかりいたわって、これから健康管理してあげるのが、あなたの務めです。もちろん、あなた自身の将来のためにも。

T セックスはしばらくお休み

たとえ回復が順調でも、月経が再来するまでは、セックスは絶対ぜったいゼッタイZETTAI、お休みしてください。2週間といわれるケースもありますが、それは出産経験のあるオトナの女性のこと。若いあなたの子宮はまだまだデリケート。むちゃをすれば、出血したり、細菌感染したり、大きなトラブルが起こります。

それに、月経があるってことは、その前に排卵があるってこと。万が一にも、また妊娠！ なんてことにでもなれば、今度は本当に取り返しがつきません。

何より、月経が戻っても、あなたの気持ちの整理がきちんとできてからにしなくては。パートナーとも、よくよく話し合ってください。

U 避妊を見直して

なぜ避妊に失敗してしまったのか、原因をしっかり究明し、かつ反省してください。避妊法の選び方に間違いはなかったか、正しく実行できていたか、男のコ任せにしていなかったか（避妊してなかった、としたら論外の外だゾ）。

今までの方法に問題が大きいとしたら、迷わず最も確実なピルを選んで欲しいと思います（→P.68）。副作用が気になるとしても、将来、もっとセックスにゆとりをもって対処できるようになった時点で、他の避妊法に変えることは可能です。今は、望まない妊娠を繰り返さないことを、最優先しなくては。

また、デリケートな女のコの中には、妊娠に対する恐怖心から、セックスや男のコに嫌悪感しか持てなくなる場合があります。心のしこりが続くのは、女性として不幸なこと。ピルはそんなメンタルな意味でも、支えになってくれます。

コンドームを使うなら、細心の注意を払い、挿入の最初から最後まで、常にしっかり装着しておくこと。理

V もし心の後遺症が出たら

中絶に対する過度の罪悪感や不安が強いストレスとなって、精神的な後遺症が出てくる場合があります。妊娠の中断で、ホルモンのバランスが大きく変わり、ただでさえ心が不安定になる時です。症状はうつ状態、強い不安感や無気力感、不眠、めまい、頭痛……といろいろ。

もしつらかったら、遠慮なんかしない。まず事情を知ってくれている、手術を受けた病院の先生に相談しましょう。医師はいろいろな女性のケースをみているんだから、きっといいアドバイスがありますし、必要なら精神科医やカウンセラーも紹介してくれます。

中絶は、若いあなたにとって、大きな出来事。一人で耐えられなくても、恥ずかしいことではありません。そのために、専門家がいるんだから。

さあ、元気を取り戻そう! WXYZ

考えて考えて臨んだはずの中絶。気持ちの整理、少しはできましたか。

立ち直るには、きっとまだまだ時間が必要。だけど、あなたは今の立場で、精一杯の結論を出したんだし、生きていく上で、どうしても逃げるワケにはいかなかったんだもの。もう、後悔したり、自分を責めたりしないでください。

それに、妊娠する性を持つ女性にとって、「産む」ことも「産まない」ことも、重みはイコール。どちらを選択して生きていくかは、まったく個人の、一人一人の人生の問題なんです。どちらがエライわけでも、イケナイわけでもない。決して罪悪なんかじゃない。

大事なのは、自分で責任を果たすこと。

そして、二度と失敗を繰り返さないこと。

この数週間、自分のことはもちろん、パートナー、両親、生活、将来、世の中まで……。たくさんのことを学んだはずです。その経験をバネに、前を向いて、強く賢く生きていきましょうよ。明日から、涙はきっと流さないで――。

解と協力の得られないパートナーなら、スパッと別れちゃえ。

いずれにしても、手術後の検診時に医師に、ピルも含めて、避妊について相談してください。避妊の指導も、産婦人科の診療の一つです。

誰だってかかる可能性のある病気
＝STI《性感染症》とエイズ

STIに「愛」は勝てない

愛という名のもとで

「クラブのDJと、セックスをすれば、VIPルームに入れてもらえるという情報が入ったんです」と語り始めた高校3年生。DJ君との初めてのセックスから2カ月くらいした頃、性器のあたりにちょっとした痒《かゆ》みを感じた。おそるおそる手で触れてみたら疣《いぼ》ができていた。僕のクリニックにやって来たのが、それから1カ月後。

尖圭《せんけい》コンジローマ。STI（性感染症）だ。鶏冠《とさか》みたいなものが、性器の湿潤な場所に密集してできていた。診察をしながら、「性病もらっちゃったな。尖圭コンジローマ」と声を掛けると、「うそ？」って言うんだ。「だって彼、私のこと愛しているって言ってくれていたのに」と。「愛していると言ってた人が、どうしてこんな忌まわしい病気を与えるの」と。

　愛という名のもとに交わされるセックスの向こう側には、妊娠やSTIが待ちかまえているってことを分かっているのだろうか。それにしても「愛」という言葉に滅法弱い女のコたちよ。愛していればセックスするのは当たり前というが、その「愛」を正確に定義できる人なんているのだろうか。彼女だってDJ君からこう言われたのだそうだ。

「俺だってさ、こんな仕事をしているから今まで女性との関係がなかったわけではないんだ。でもね、君を初めて見たその時から、俺は君の虜《とりこ》になっていた。俺生まれて初めてだぜ、こんな思い。愛している、ホントに。君のこと、心から……」

　尖圭コンジローマ（↓P.113）というのは、HPV（ヒトパピローマウイルス）という病原体を原因として起こるSTIだ。塗り薬や電気凝固術、液体窒素による凍結法などの治療法があるのだけれど、再発することが多い。

　しかもHPVには、子宮頸《けい》がん（↓P.136）を引き起こす仲間がいる。驚くことに彼女の子宮の入り口からも、異常な細胞が発見された。脅《おど》かすつもりはないが、性行為のために、がんを引き受けることだってあるんだということを忘れないでいてほしい。

10代の陽性率が27・5%

　今日、日本で一番流行しているSTIといったら、クラミジア感染症。昔はトラコーマという眼の病気だったのだけれど、いつからか性器の病気に姿を変えて、僕たちに悪さをするようになった。クラミジア・トラコマティスという、ウイルスよりも大きくて細菌よりも小さい病原体が原因。自覚症状が乏しいために、クラジミア感染症に気づかないまま、次から次へと感染が広がっていき、その結果、女性ではクラミジアによる骨盤内感染症のための不妊症や、妊娠中の感染による新生児への影響、眼炎や肺炎などを引き起こすという病気だ。自分自身の欲求の結果としてのセックスが、子々孫々にまでこんな悪影響を及ぼしてしまうSTIに、僕たちは無関心ではいられないはずだ。

　しかし、現実はどうだろう。「東京都内の産婦人科を訪れた女性たち」という条件付きではあるが、クラミジア陽性者は10・4%。10代については実に20%が陽性という直近のデータがある。これはセックスの時に、しっかりとコンドームが使われていなかっただけでなく、特定のパートナーにとどまらないセックスが行われていたことを意味している。「愛していれば」というけれど、明日が見えないその場限りの「愛」でいいのだろうか。虚像の「愛」であっても、その経験の数が多ければ果たして幸福といえるのか。

　出会い系サイトで知り合った男性と付き合った結果、クラミジアに感染した女子高校生がいた。暇まかせにアクセスして、言葉巧みに誘いをかける男性につい心を許

してしまったのだ。下心のある男性の、偽りのやさしさを見抜くことができない女性の愚かさを嘆きたい。

「年齢差はちょっと予想外だったけれども、男性との会話は楽しかった」と彼女。だから喫茶店でのひと時はあっという間に過ぎた。家路につこうと二人で喫茶店を出たところで、彼から声がかかった。

「俺、きょうはちょっと疲れちゃった。ホテルで休んでいかないか」

クサい言葉だ。思惑見え見えの言葉だけれど、出会い系にアクセスした時から、こうなることは彼女だってうっすらと気づいていたのだ。出会い系とはそういう場所だということを知らないままの行動ではなかったのだから。でも、何度か拒否したら、「心配するなよ、休むだけだから」と（何もしない奴がホテルに行くか?!）。「じゃあ、キスならいいけどそれ以上は嫌よ」と応えてホテル行きを認めた彼女ではあったけれど、当然の成りゆきでセックス。初めての体験だった。それから10日くらいしてからのおりものの変化。そして受診。

「彼の治療もすませないと、ピンポン感染してしまうから、早速連絡して」の勧めに、首を横に振る彼女。「連絡先知らないの」。俺から電話を入れるからと言われて別れたというのだ。症状のない男性が無頓着に繰り返すセックスと、それを安易に受け入れる女のコとの組み合わせの中で、どれだけの病気の広がりが起こっていくのだろうか。「エイズの前にクラミジアあり」を座右《ざゆう》の銘《めい》にして欲しいものだ。

「過去の清算をしたいのです」

在日英国人の女性だった。3カ月程前に英会話の教師として日本に赴任してきた彼女にも、心躍らす異性が出現したのだ。「ピルを出してください」といってクリニックにやって来た彼女は、診察室に入るなり、「エイズの検査はできますか。できればその他のSTIの検査も」と求めてきた。よくよく話を聞いてみると、日本にやって来てからの彼女には、まだセックスの経験はない。「セックスは?!」という僕からの不躾《ぶしつけ》な質問を笑い飛ばすように、「だからピルが必要なんです」と言ってのけた。

「好きな人ができたんです。セックスを始めてからでは遅すぎますからね、思いきってパートナーにお願いしたんです。『本国にいる時に、何人かのセックスパートナーがいました。でも、あなたと出会えて、あなたが好きになって、自分の過去をあなたに引き継がせたくないと思って、だから私、検査を受けて来ようと考えているのです。できたらあなたも……』と」

「過去の清算をしたい」というのだ。僕のクリニックを訪れていたちょうどその頃、パートナーも泌尿器科で受診していた。互いにHIV（エイズウイルス）抗体はマイナスという結果だった。これでエイズの心配は消えた。でも妊娠を回避することは二人の大きな責任だ。だからピルを手放すわけにはいかなかった。

エイズに対する異常なほどの危機感が、日本全国に渦巻いている。ワクチンがない、治療法がないために、感染したら死を免れることはできないという恐怖（これは誤った認識。➡P.１２２）があるからだろう。その結果、依然として「蚊に刺されて」「キスで」「風呂やプールで」「吊革で」など、エイズの感染経路に対する無知が露呈されているだけでなく、「検査をして陽性だったら恐い」という貧困な発想の人が多い。思い当たる行為があるならば、検査を実施し、陰性を確認しさえすれば、エイズとは無関係なセックスが可能なのに、仮に陽性とでても、初めから終わりまでコンドームを正しく使用できるならば、感染の機会はゼロに近いといえるのに、実際には、検査を恐れ、結果を確認しないままの無謀で無防備なセックスが繰り返され、新たな感染者を次から次へと生み出している。

Ｎｏ　Ｓｅｘ！（セックスしない）

Ｓｔｅａｄｙ　Ｓｅｘ！（特定なパートナーとのセックスに限る）

Ｓａｆｅ　Ｓｅｘ　Ｗｉｔｈ　Ｃｏｎｄｏｍ！（正しくコンドームを使った安全なセックス）

こそ、エイズ防止の近道であることを知ろう。過去の清算を求める勇気を持とう。

エイズとどう付き合っていくか

大人たちのエイズ不安に揺れる姿を横目で見ながら、「困った大人ね」と笑っている君たち。その笑顔をいつまでも絶やさないで欲しい。君たちは希望の星なのだから。

何が希望か？　君たちの今後の行動の如何《いかん》が、わが国でのエイズの蔓延の方向を左右するからだ。幸いなことに、君たちのうちの大半が、まだセックス未経験者。セックスを感染経路とするエイズとは無縁の状態にいるってことだ。だから、近い将来、セックスの機会が訪れた時、セックス経験のないパートナー選びができるならば、二人の間にエイズの問題はない。仮にパートナーが既にセックス経験を持っている人であるとしたら、勇気をもって問うのだ。「私の安全のために、あなた自身の過去の清算をして欲しい」と。その結果がマイナスであればエイズとは無関係。仮に、陽性であることが判明しても、その時こそ、コンドームをきちんと使っての「Ｓａｆｅ　Ｓｅｘ」が行われるならば、エイズ感染を免れることは決して困難ではないのだ。

今までのように、エイズにおびえるのではなく、エイズとどう付き合っていくかを積極的に考えなければならない。疑心暗鬼の中での男女関係をおそるおそる続けていくのではなく、知るべきことはきちんと知った上で、どんな関わり方ができるのかを考えていくのだ。検査を行い、必要によってコンドームを正しく使うという、こんな単純な方法で、エイズの蔓延を防止できるとしたら、それはもうヤルっきゃない。素敵なセックスを体験するために……。

STI＝性感染症・防ぐ常識

STIってどんな病気?

〝性病〟と言ったほうが通りがよいかもしれません。**セックス**を介してびしばし感染する病気をひっくるめてこう呼びます。今、問題の**エイズ**を筆頭に、梅毒、淋病、クラミジア、性器ヘルペスなどの病気（詳しくはP.113の表）が代表選手。今、戦後第2期の流行期を迎え、かなり深刻な事態です。赤痢や寄生虫でも、性的行為で感染すればSTIと言われてしまいます。

STIは完ペキ平等主義者

STIの感染パターンを見てると
- **男女差別**をしない。
- **年の差**を気にしない。
- **顔**で区別をしない。
- **成績**で選ばない。
- **経済力**を問わない。
- セックス**経験**レベル不問。
- **愛**は勝たない。

ことがよく分かります。

STIは誰でもかかる病気です。つまりSTIに言わせれば、人間ならば**誰でも**いいのです。性風俗の世界だけの特殊なできごとと思ったら大間違いです。

＊例題1＊

生まれて初めて燃えるような愛を知り、生まれて初めて夢のようなセックスを体験しました。が、パートナーにはかつて一人の女性がいて、その女性には一人の男性がいて、そいつは超モテ男なので10人の女がいて、女たちにもそれぞれ男たちがいて、またまた女がいて……とどまるところを知りません。でもSTIは全員平等にとりついていたので、早速**あなた**にもとりつくことになりました。

＊例題2＊

不特定多数の男性とセックスしました。結果は**言うに及ばず**でした。

コンドームがからだを守る

STIのバイキンは男女の性器に繁殖していることが多いので、**コンドーム**を、正しく使ってバリアを作っておけば、感染を防ぐことができます（→P.83）。が、日本ではコンドーム＝避妊具という意識がもっぱらで、STI**リスクマネージメント**という局面では、ちっとも有効利用されてません。例題では便宜的に「不特定多数」なる用語を使いましたが、住所・氏名・生年月日・血液型・本籍・学校・バイト先・ケー番・メルアドのうち、いくつかは知っている**特定できる個人**だって、**多数複数**となりゃあもう感染リスクは同じだ同じ。なのに厚生労働省の某研究機関の調べでは、「この1年間に、浮気の経験者で、コンドームを使った人＝**たったの25%**」。特に女性は「自分から使ってなんて、言わない、言えない」と答えている。それじゃダメなんだって。

特定個人が多数になる、そのワケ

ワケ❶ 告白⇩OK⇩即Hと、コトに至るのが早く、だから双方性格が分からず、従って気が合わないことも多く、当然別れるのは早く、をいつもいつも繰り返す傾向がある。

ワケ❷ 付き合う期間はそれなりに長いが、別れたモト彼をつい「もったいないから」と、セフレにする傾向がある。

ワケ❸ 彼の友達を気に入ると、内緒でヤリ友にしてしまう傾向がある。

ワケ❹ グループもしくはテリトリー内の仲が男女を問わずとても良く、良すぎていつの間にか「ビバリーヒルズ状態」になる傾向がある。

ワケ❺ 気が弱いため、合コンなどでは「お持ち帰られ」を拒否できない傾向がある。

ワケ❻ 気が強いため、合コンなどでライバルがいると、お持ち帰りを敢行する傾向がある。

ワケ❼ 早い話が浮気っぽいため、本命一人が守れない傾向がある。

ワケ❽ 浮気をされたら、仕返しに浮気しないと収まらない傾向がある。

ワケ❾ ❶〜❽すべてが当てはまる。

不特定多数が、多数である、そのワケ

ワケ❶ ナンパはするのもされるのも大好きだ。

ワケ❷ 出会い系サイトで出会いまくっている。

ワケ❸ どっちも当てはまってしまう。

今、ここにある危機・エイズとＳＴＩ。特定であれ、不特定であれ、その動機が純粋であれ、不純であれ、コンドームなし！ のセックスを一度でもしたら我が身のこと。まして、のべ人数と頻度が上がればもはや、誰から**感染**したのか、誰に**感染させたのか**、経路**不詳**のまま、治療も追いつかず、世界に広がります。

オヤジの買春も問題ですが、自覚のある分まだしもマシ。『自分のからだは自分で守る』という確固たる意志なくして、何が**個人の自由・愛の賛歌**でしょう。このままでは、バイキンどもの思うツボです。

パートナーは一人がベスト

おーきなお世話ではありますが、ＳＴＩから真に解放されたいと願うなら、互いにパートナー一人を守るべきです。セックスライフを持つ前に、過去についてフランクに話し合い、不安材料があるなら**病院で検査**を受けましょう。二人ともマイナスと結果がでれば、もう何も恐れることはありません。

なかでもエイズは今、日本でも異性間の性的接触による感染が急激に増えています。あなたにとってセックスとは何なのか。**セックスの重み**について、真剣に考える時がきています。

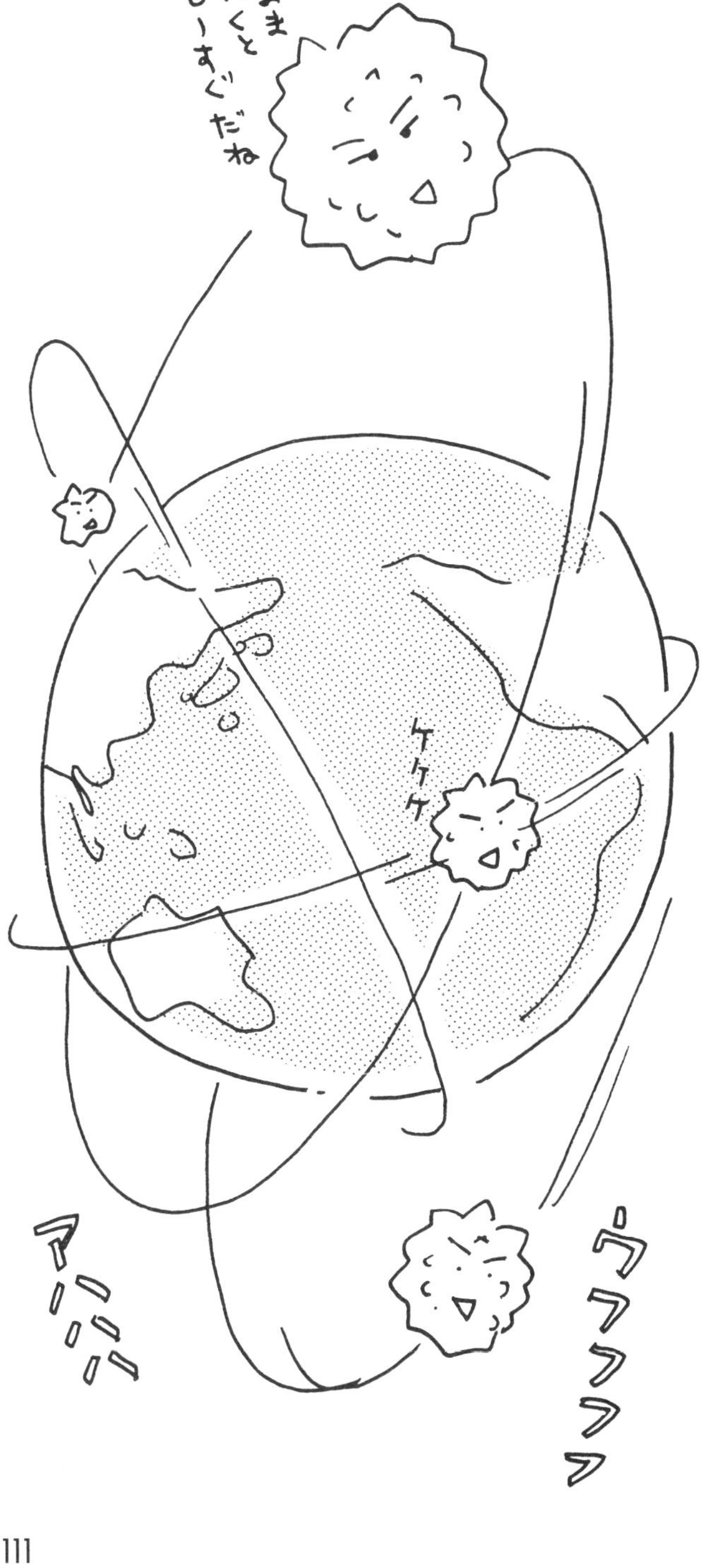
このまま
いくと
もーすぐだね
ケケケ
ウフフフフ
アハハハ

STI＝性感染症・治す対策

性器の健康チェック

おもなSTIは、性器や泌尿器に症状が出るものです。日頃から鏡を使って注意していると、**早期発見**できることが多いのです。

性器のかゆみや痛み。イボや潰瘍《かいよう》。おりものの臭いや色、量の変化。排尿時の痛み、尿道からの膿《うみ》の漏出《ろうしゅつ》。下腹部痛。少しでも異常を感じたら、女性は産婦人科、男性は泌尿器科、性病科へかかります。エイズを除いて、STIは必ず治る病気です。

二人で治療

STIはセックスを介してうつる病気ですから、必ずや**パートナーにも感染**してると考えるべきです。ヤバイといって内緒で治療しても、またパートナーから再感染してエンドレスゲームです。

ケンカはケンカ、治療は治療。セックスしたらお互いの健康には責任を持ちましょう。

積極的に定期検診

STIの中には、ほとんど症状のないものもあります。その代表がクラミジアとエイズです。今いち、お互いに信用がおけないようなら、半年に一度は病院でチェックを入れておくことです。

クラミジア　クラミジア・トラコマティスという病原体でかかります。目のトラコーマもこれ。男性の場合は尿道炎を起こし、症状が淋病に似ているので、「非淋菌性尿道炎」とも言います。

女性では、子宮頸管や子宮内膜、さらに卵管まで炎症が進むのですが、自覚症状が乏しく、気がつきません。このため産婦人科の検診では約11%、10代の女性に限れば約25%が陽性という高い数字が出てしまい、インフルエンザなら**学級閉鎖**というはやりかたです。

出産時に約半数の**赤ちゃん**に感染し、たちの悪い結膜炎や肺炎を起こします。

エイズ　詳しくはP.116で。男女とも、性器に症状はまったくでません。

STIは女性にハンディ

STIを放置すると子宮の内部から卵管、卵巣まで炎症を起こしますから、流産や、不妊症の原因となることが多いのです。

また、STIにかかっている女性が妊娠すると母子感染といって、赤ちゃんにまでうつることがあります。出産時の産道感染と、胎盤を通しての垂直感染があります。主なものに梅毒、性器ヘルペス、クラミジア、エイズがあります。

女性にとって、より深刻な病気ということを、よく知っておいて欲しいと思います。

こんなにある主なSTI一覧表

病名	どんな病気なの？	病状は？	治療法は？
梅毒《ばいどく》	トレポネーマ・パリダムという細菌によって、キス、ペッティング、セックスでうつる。一度減っていた患者数が、最近また増えているというデータがある。	感染後、３週間ぐらいで外陰部や肛門周辺にしこりができる。初期、第二期、晩期と症状が変わってくるが最後は人並みの生活が送れなくなる。胎児にも感染する。	抗生物質の投与など、根気よく治療すること。
淋病《りんびょう》	淋菌によってほとんどセックスでうつる病気。最近、10代の患者が増える傾向にあるので、注意。	外陰部に発疹ができ、次に悪臭のあるおりもの、下腹部の痛み、発熱がみられる。	抗生物質の投与など。
軟性下疳《なんせいげかん》	軟性下疳菌が病原体の性病。最近ではめったにない。	外陰部、膣に赤い斑点ができ、次に痛みを伴った、軟らかいしこりになる。	病院でもらった薬を飲む。10日ぐらいで治る。
鼠径《そけい》リンパ肉芽腫症《にくげしゅしょう》	クラミジア・トラコマティスが原因で起きる。	感染後、５～21日で外性器に小さな水疱やブツブツができる。	病院で処方された抗生物質を飲む。
エイズ	HIV（ヒト免疫不全ウイルス）によってからだの免疫が壊されさまざまな感染症にかかる。発病すれば、最悪は死に至る。人類の未来を左右するかもしれないSTI。	一般に５年から10年の潜伏期を経て発病。日和見感染《ひよりみかんせん》を起こし、さまざまな症状がでる。	現在、全人類の知恵をあげて、ワクチン、治療薬の開発が急がれているが根本的な治療法はみつかっていない。治療より予防が大切。
クラミジア	クラミジア・トラコマティスが病原体。感染が子宮や卵管にひろがると、不妊症の原因になることも。世界的に増加の傾向にある。	濃い黄色や緑黄色のおりものがでるが、気がつかないことが多い。	産婦人科で検査して、抗生物質を飲む。
性器ヘルペス	ヘルペスウイルスが性器に付き炎症を起こす。妊娠中に起こった場合、出産時に新生児に感染、死亡する率が高い。オーラルセックスで感染することも。	感染して２週間ぐらいから米粒程の大きさの水疱がでる。激しい痛みを感じる。うつした方の男のコの症状よりうつされた方の症状が大きいこともある。	病院で抗生物質、軟膏を処方してもらう。
尖圭《せんけい》コンジローマ	HPV（ヒトパピローマウイルス）の主に６型と11型に感染して起こる。仲間の16型と18型は子宮頸がんの原因ウイルスだったりする。	外陰部にイボがたくさんできるのが特徴。患部がかゆく、熱をもったりする。	コンジローマを外科手術で切り取ったり、焼き切ったりして治療する。再発しやすいので、定期的な検診が必要。予防ワクチンもある。
かいせん・毛じらみ	かいせん虫や毛じらみ虫という寄生虫をもっている人から伝染するSTI。	とにかくかゆい。ぶつぶつや斑点ができたりもする。	軟膏・薬で虫がいなくなるまで治療する。

急増する女性の梅毒

梅毒とは

梅毒は「梅毒トレポネーマ」という病原体が引き起こす病気で、主として性行為、あるいは、キスや口腔性交など性行為に類似した行為によって感染する性感染症の一種です。梅毒でよく見られる赤い発疹が楊梅（ヤマモモ）の果実に似ていることから、楊梅瘡《ようばいそう》と呼ばれていました。皮膚や粘膜の小さな傷から侵入した梅毒トレポネーマが、やがて血液の流れによって全身に運ばれて、さまざまな症状を引き起こす全身性の慢性感染症です。

興味深い梅毒の歴史

梅毒は、皆さんご存じのクリストファー・コロンブス一行が１４９２年に新大陸を発見した際、同時に「原住民の風土病」をヨーロッパに持ち帰ったのがはじまりと言われています。その後、爆発的に全世界に広がり、ヒトの歴史に大きな影響を及ぼしてきました。

日本への伝来は、約20年後の永正９年（１５１２）頃だと言われており、まず（大坂、現在の大阪）にやってきました。種子島に鉄砲が伝来したのが１５４３年でしたから、鉄砲よりも先に梅毒が日本を襲ったのです。梅毒の主な原因は性行為ですから、「セックスは銃弾よりも速い」と専門家の間では話題になったものです。

梅毒の症状は

僕は、医学部の授業で「３－３－３と覚えろ」と教えられました。梅毒トレポネーマが侵入した箇所に、大豆くらいの大きさのしこりができ、その後、しこりがつぶれて潰瘍《かいよう》になります。リンパ節が痛みなく腫れることもあります。これが第一期。感染から3週間が経ったころです。でも、治療しなくても症状がそのまま消えてしまいますので、感染に気づかないことが多いのです。

３カ月くらい経つと、バラの花の形に似ていることから「バラ疹」と呼ばれる皮膚症状が全身に認められるようになります。これが特徴的な第二期梅毒。口の中の炎症症状や脱毛などが起こることもあります。多くは、この時点でカラダの異変に気づき、診察に訪れます。この皮膚症状もやがて消えてしまうので、自分のカラダに無関心だと放置されてしまうかもしれません。

３年ほどすると第三期に入ってゴム腫ができ、その後の第四期に進行すると大動脈炎、

診断されたのは氷山の一角でしかない

梅毒全数報告（10～19歳）　（厚生労働省報告：2000年～2019年）

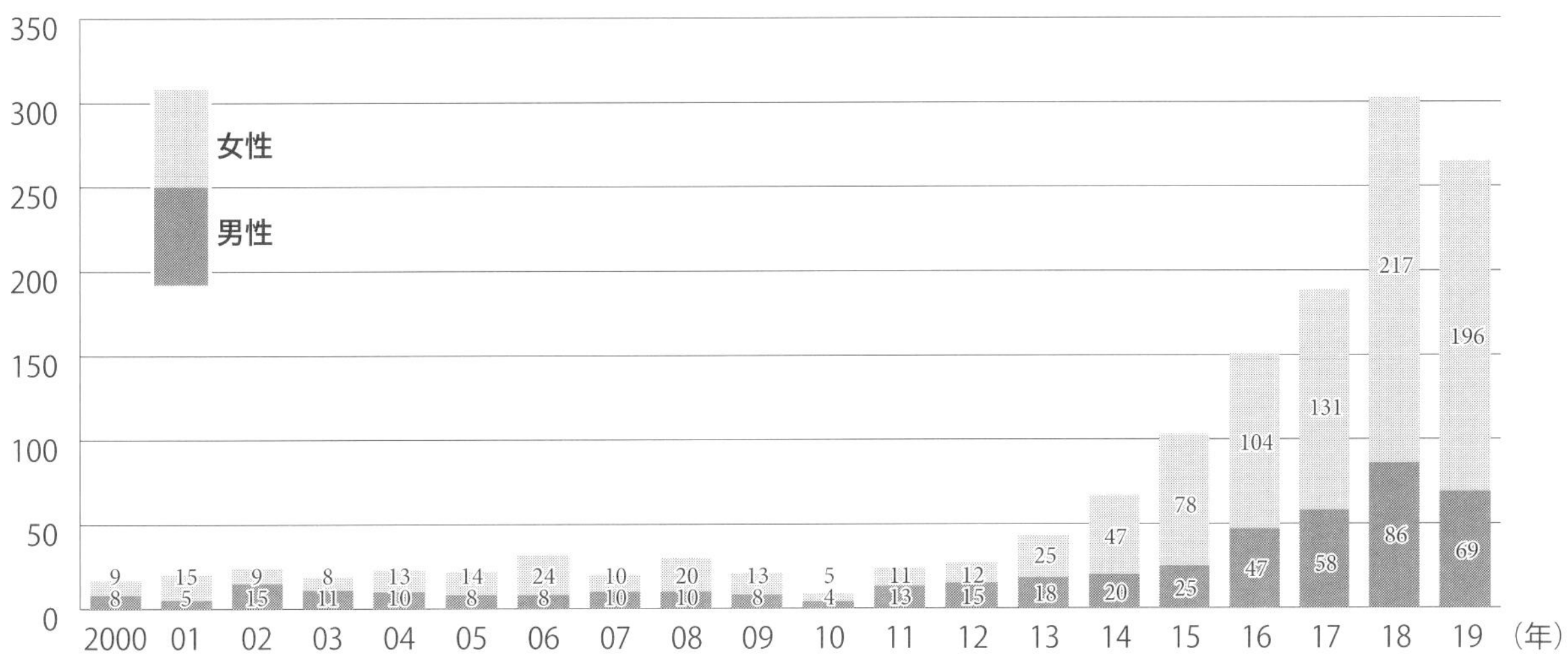

大動脈瘤《りゅう》、網膜炎などを認めます。しかし、治療薬としてペニシリンという抗生物質が使われるようになってからは、第三期、第四期の症状を認めることは稀になっています。

妊娠中に感染すると、胎盤を通じて胎児が感染してしまうことがあります。これを先天梅毒といいます。早めに気づいて治療することで、胎児への影響を極力減らすことができます。

◆どうやって診断するの？

保健所でも検査ができますが、通常は、婦人科、泌尿器科、皮膚科、性病科などで診断してもらいます。症状だけで判断することは難しく、梅毒に感染しているかどうかの検査が行われます。でも、梅毒の抗体ができるまでに6週間ほどかかるために、あわてて検査をしても「陰性」（感染していない）と出てしまうことがあります。

◆治療はどうするの？

他の国では、1回だけの筋肉注射で治療を完了する方法がとられていますが、日本の場合にはペニシリンを、数週間にわたって飲み続けることが必要になります。治療が完了したかどうかは、再度検査を行って判断します。

◆今、なぜこれほどまでに梅毒が注目されているのか？

女性での梅毒の急増が問題になっています。国が発表している全数報告によれば、男女合わせ全世代の総数で２０００年には７５９人だったものが、２０１９年になると６６３９人。実に9倍近くに跳ね上がっています。10歳から19歳に絞ってみると、17人から２６５人と16倍になっています。しかも、２０１９年だけ見ても、女性１９６人、男性69人で、女性が3倍近く多いことがわかります。

今までは、ＨＩＶによるエイズと同様に、男性間の性的接触による感染が多かったのですが、現在は異性間、特に若い女性での感染の拡大が目立っています（上のグラフ）。しかも、これは医療機関で梅毒の診断を受けた「氷山の一角」であって、実際には想像を超えた感染者がいるかもしれません。

◆若い世代での感染がどうしてここまで拡大したか？

①性行動の多様化によるもの。不特定多数との行為、膣性交、フェラチオ（男性の性器を口で刺激すること）やクンニリングス（女性器を口で刺激すること）、肛門性交など。

②最近、メディアが梅毒を話題にすることが多くなったこともあり、梅毒の感染に不安を抱いた男女が、積極的に医療機関を受診している。同様に、医師の関心が梅毒診断を増加させた。

③ＳＮＳ（ソーシャルネットワークサービス）などの利用によって、若い女性たちが見ず知らずの人とのセックスに無警戒になっているのではないか。

AIDS《エイズ》 私たち自身の問題として

AIDSは、こわい病気ではありません。こう言い切っちゃうと、エッ⁉ と思われるかもしれないけど、今は予防対策も、治療法研究も、社会の理解もどんどん進歩してるから。人間の英知をかけて、乗り越える希望が少しずつ、見えてきたんです。

AIDSに負けないための原則は次の3つ。初めに確認してから、詳しい本文を読んでください。

原則① 正しい知識で感染を予防する

AIDSの原因となるHIV（ヒト免疫不《めんえきふ》全《ぜん》ウイルス）は、ごく限られたルートでしか感染しません。みんなにとっての可能性の1つは『感染者との、コンドームをきちんと使い通せない場合のセックス』。

セックスをしたいと思うパートナーができたら、事前に二人で検査を受ける。互いの陰性が確認できたら、ステディな関係を保てるようにする。陽性の時、確認できない時は、常にきちんとコンドームを使う。この2つを実行し、感染を防ぎます。

原則② もしもの時はHIV感染を早く知る

感染の可能性のある行為をしたら、積極的に検査を受けます。感染の事実を知っておけば、セックスパートナーに（あなたが女性なら将来生まれてくる子どもにも）極力うつさないようにできます。いとしい人につらい思いをさせないですむのです。

同時に自分のためでもあります。いい薬がいろいろできたので、感染早期から健康管理と治療を心掛ければ、10〜20年と発症を抑え、健康に暮らせる可能性が高いからです。

原則③ 社会をサポートする

AIDSのメカニズムが分かってきても、世間にはまだまだ間違った偏見や差別感を持つ人がいます。HIVに感染するのは、決して特別な人ではありません。また世界に目をやれば、貧困や地域紛争などで、教育も予防も治療も行き届かず、流行をくい止められない国が多くあります。若くて元気なみんななら、これからできることがきっとあるはず。心にとめておいて欲しいと思います。

◎AIDS《エイズ》って何？

どんな病気？

Acquired＝後天的に（生まれつきじゃなく）
Immuno＝免疫《めんえき》（が）
Deficiency＝ダメになって
Syndrome＝いろいろな症状が出ること

英語の頭文字をとってAIDSと呼ばれます。日本語では『後天性《こうてんせい》免疫《めんえき》不《ふ》全《ぜん》症《しょう》候群《こうぐん》』。いかにも直訳っぽいメンドーな名前になります。

もともとは自分のからだの中になかった

HIV＝ヒト免疫《めんえき》不全《ふぜん》ウイルスが侵入してきて、人間が本来もっている免疫＝からだの抵抗力が低下し、いろいろな病気にかかってしまうものです。

いつ頃、発見されたの？

初めての患者が報告されたのは1981年、アメリカ。まずロサンゼルスで、男性5名が原因不明の免疫不全を起こし、カリニ肺炎という珍しい病気を発症、死者が出たと報告され、研究が始まりました。翌年アメリカ国立防疫センターがAIDSと命名。原因となるHIVは1983年、フランスのパスツール研究所で確認されました。日本でも同年、死亡例があったことが知られています。

HIVの起源は？

ウイルスのタイプからみて、この100年ぐらいの間、比較的新しい時期に発現したものと言われています。サルやチンパンジーにもAIDSがあるので、そのウイルスが進化して、人間に感染するHIVになったという説が一般的です。近年の調査で、1959年にアフリカ中央部で採血された保存血から、HIVの抗体がみつかりました。ただアフリカを発祥地とする証拠はなく、もちろん、いつ・どこで・誰が・初めて感染したかは分かりません。現状からみて、**1970年代**のほぼ同時期に、アフリカ、アメリカ、ヨーロッパでジワジワと**流行が始まって**いたのでしょう。（AIDSはほかにネコなどにもありますが種が違うと互いに感染することはありません）

HIVの感染ルートは？

HIVは、感染者の血液、精液、膣分泌液などに存在します。これらが傷ついた皮フや皮フ粘膜にばっちりべったりついた時、初めて体内に入って感染が成立します。

具体的には**性的行為**（同性、異性間を問わず）、**血液**（輸血による感染も稀にだが報告されている。麻薬の注射針の共用）、**母子感染**（↓P.121）などが挙げられます。HIVは、ほかの病原体と比べたら感染力が弱く、また体外に出て空気や水に触れるとすぐ死んでしまうので、汗や唾液、性的行為以外の日常的な接触ではいっさい感染しません。

HIV感染とAIDSは違うの？

HIVは感染すると、人間の血液中のリンパ球にひそみ、じょじょに免疫力にダメージを与えていきます（↓P.122）。しかし感染直後に症状がでることはまずなく、個人差がありますが5年～15年以上、まったく無症状の**潜《せん》伏《ぷく》期《き》**が続きます。この期間の人を**HIV感染者**、キャリア、ポジティブ（陽性者）などと呼んでいます。

一方AIDSとは、潜伏期を終え、免疫力がすっかり弱って、さまざまな病気（↓P.123）を引き受けてしまった状態のことです。**発症した人がAIDS患者**です。

ただ、症状のないHIV感染者でも、他人に感染させる可能性があるので注意が必要です。特に本人が感染に気づかないでいると、セックスパートナーを通して、2次感染、3次感染を広げてしまう危険性があります。

感染してるかどうか調べる方法は？

簡単な**血液検査**で分かります。感染すると6～8週間後に血液中にHIVの抗体ができますから、それをチェックします。感染の可能性のある行為をしたら、その約3カ月後に受けてください。全国の保健所で**無料&匿名**で受けられるし、カウンセリングも行っています。ただ日時が決まっているので、事前に問い合わせを。一般の医療機関でもやっていますが、こっちは有料になってしまいます。

保健所で検査を受けよう

◎STI《性感染症》としてのAIDS《エイズ》

みんなの日常生活で、ほとんど唯一感染ルートとなるのがセックスです。HIVを含むSTIの感染は、ナンパ出会い系サイト遊び人テレクラおミズ系バイト援助交際の専売特許ではなく、多数派の普通の一般の人々に広がっている現実。

そしてHIV感染者の精液、膣分泌液、血液には、HIVが存在するという事実。

セックスの前に必ず考えてください。

みんなのこと、とっても心配!!

クリニックに寄せられる電話相談から、10代のセックス経験がバリバリッ音をたてて**増えている**のがよく分かります。ま、そのこと自体をどーこー言う気はないですが、心配材料はてんこ盛りです。

①つきあってからセックスするまでの期間がすごく**短い**。

②わりと短期間にパートナーが代わる。従ってセックスパートナーの、のべ**人数が増える**。

③同時に**複数**のセックスパートナーを持つ例も、ままある。

こんな短期決戦型の恋愛では、パートナーと避妊やSTI予防について、納得いく話し合いができようハズがありません。それが証拠に『コンドームをいつも使う』は半数以下、結果『一日でも生理が遅れると不安でたまらない』と異口同音に書いてくる。いわんや、STIのことなんか、爪の先ほども考えていないでしょう、アナタッ!

激増するクラミジア感染症

AIDS同様、自覚症状がほとんど出ないSTIのクラミジア（→P.112）が現在日本で**大流行**。日本性感染症学会の報告では感染症をはじめ、子宮頸管部からのクラミジア検出率がすごい!

既婚女性約5%

未婚女性約13%

あきらかに、**みんなの世代が最大のターゲット**で、もろ、みんなの世代の性行動を反映している数字じゃありませんか。

ここにHIV感染がかさなったらと思うと、いや、すでにかさなり始めていると思うと、背筋がバリバリッ凍ってしまいます。

性行為で感染するプロセス

◆定番のセックスの場合は？

ここでは女性の膣に、男性のペニスを挿入する行為として考えます。性器はご存じの通り、男女とも手足のような頑丈な皮フではなく、傷つきやすいデリケートな粘膜でおおわれています。ピストンしてると、どーしても目には見えない、細かい傷がつく。そこから感染者の精液、膣分泌液、月経血の中のHIVが侵入するのです。

◆感染の確率は？

感染率でいえば、コンドームを使わないセックスの場合、女性が100分の1、男性が1000分の1。男性の方が少ないのは、行為のあとペニスについた膣分泌液は拭きとれるか乾くかするし、尿道には入り込みにくいし、入ってもオシッコをすれば流されやすいから。半面、女性が不利なのは、膣粘膜の面積が広い上、精液が精子の運動にともない、子宮に入ってしまうからです。ほかのSTIにくらべ一見確率は低いのですが、これはあくまで机上のデータ。**現実には1回1発で感染**する例はあるし、感染すれば、おそらくは生涯、この病気との厳しい闘いを続けなければならないのです。

◆アナルセックスの場合は？

男性のペニスを、女性または男性の肛門に挿入するセックスです。肛門や直腸粘膜は毛細血管がいっぱいあって膣以上にデリケート。挿入された側が感染者なら、出血した血液中のHIVが、相手のペニス粘膜の傷から侵入。挿入する側が感染者なら、精液中のHIVが直腸粘膜から侵入します。この場合、肛門括《かつ》約筋《やくきん》が精液をモラさずキープするので、感染率はかなり高くなります。

◆女性同士のセックスは？

膣分泌液が、相手の体内にドバッと入ることはないので、ほとんど問題になりません。

◆オーラルセックスの場合は？

性器を口で愛撫すること（男性に対してをフェラチオ、女性に対してをクンニリングス）。口の中も食道も粘膜なので、感染者の精液や膣分泌液をふくんだり、飲んだりすれば確率は少ないとはいえ、感染の可能性があります。

ただし、クラミジアや淋病《りんびょう》についていえば、感染の40％がオーラルセックスによるものという恐るべきデータもあります。

◆ディープキスの場合は？

口の中の粘膜が、双方とも傷ついていて出血していれば、理論的に可能性はあるのですが、常識的にみて感染が成立するほどの大出血は考えられないし、現実に感染例はありません。まあ、歯を抜いた直後同士はヤメた方がいい、という程度です。

◆ほかのSTIにかかっていると？

多くのSTI（→P.113）は性器や口の中、喉の粘膜に炎症を起こします。そのため傷つきやすく、**HIVも侵入しやすく**なります。たとえばクラミジアに感染している人の場合、HIVの感染率は3〜4倍にUP!! 危険度激増です。

◎HIV感染防止マニュアル

性的行為の場合

セックスはあなたが自分で選び、自分の責任でするものです。そして性的行為を通して、HIV感染を心配しなければならない時代を迎えた今、危険な行為に出るか、出ないかも、あなたの**選択**であり、**責任**なのです。

①セックスをしない

告白→OK→つきあう→セックスする。みんなの声を聞いていると、セックスはしなきゃいけないモノだと思い込みすぎてる気がします。したくなければ、感染の不安があるなら、NOと断る自由がある。**断っちゃえ**。これがパーフェクトの予防策です。

②セックスパートナーを お互いに1人に限定する

男女とも初体験同士であれば、HIV感染の可能性はまず皆無。そして浮気をしなければ、永遠に安全です。（ただしHIVに汚染された非加熱製剤で感染する「薬害AIDS」も存在します。少なくとも1985年まで、一部は回収の終わる1987年まで、血友病その他の出血性疾患や手術後の止血剤として使われていたので、思い当たる治療を受けた人は検査が必要です。）

経験者なら、事前に話し合って、**検査に行って、**感染の有無を確認してからにします。陰性が確認し合えたら、**浮気しないで、**存分になさってください。万一陽性の場合でも、いつも正しくコンドームを使えば、感染を防ぐことは可能です。

以上、遠慮してる場合じゃありません。お互いの健康と未来に責任を持てないような、**危険なセックス**をして楽しいですか？　HIV感染は、あなたの将来に様々な影響を与え、大切な家族を悲しませる、深刻な病気なのですよ。

③不特定多数その他もろもろ 軽はずみなセックスはしない

問答無用。せめてもの願いは、常に確実に**コンドームを使って**いただくことです。

【HIV感染・心配無用】

日常生活――性的行為と母子感染と麻薬の回し打ちを除いた――でHIVに感染することはありません。こいつらは性格は悪いが根性はなく、人間のからだの外では生きていけない。水で熱で空気乾燥であっと言う間に感染力を失います。そこらにウロウロしてるなんて心配は全然なし。

●心配無用　デイリー編

HIV感染者と（の）
一緒に食事する、鍋をかこむ、ソフトクリームをなめ合う、汗・セキ・クシャミがかかる、握手する、ほっぺを寄せ合う、同じお風呂やプールに入る、同じ蚊に刺される、同じタオルやヘアブラシ、化粧品を使う、同じ便座に座る、同じ電話を使う
etc.
etc.
⬇感染の心配はまったくありません。

母子感染の場合

◆感染の可能性

女性の感染者が妊娠した時、主に胎盤《たいばん》を通して胎児に直接感染する可能性があります。ほかに出産時の産道の出血や、母乳で感染することもあり、気がつかないまま出産・授乳した場合、感染の確率は約30%といわれています。

ただ、最近の研究で、妊娠中にＡＩＤＳ治療薬を服用し、さらに帝王切開（お腹を切って赤ちゃんを取り出すこと）で出産すると、感染の確率を８%程度にまで下げられることが分かってきました。このことからも、特に女性には自分のＨＩＶ感染の**有無を確かめて**おいて欲しいと思います。

◆出産の選択は女性自身で

もちろん、出産にはさまざまなリスクを考えなければなりません。現状では母子感染を100%防ぐことはできないし、感染すれば赤ちゃんのＡＩＤＳ発症と死亡率は低くない。感染をまぬがれても、障害を持って生まれてくる可能性もある。母体も出産によってダメージを受け、ＡＩＤＳを発症する恐れがあるし、最悪は赤ちゃんが成人するのを見届けられないかもしれない。

そーとーにキビシイ現実です。しかしどんな状況にあっても、**産むか産まないか**を決めるのは、**最終的に女性自身**です。パートナーはもちろん、主治医や家族、周囲の人たちと納得のいくまで話し合い、結論を出してください。

麻薬に手を出す犯罪行為の場合

ＨＩＶが麻薬がらみで感染するのは、回し打ちといって、みんなで1本の注射器を使い、麻薬の静脈注射をするからです。この中に感染者がいると、その**血液が逆流**して麻薬の注射液にまざりますから、後から打つ人全員に**うつって**しまうのです。

もちろん麻薬そのものにＨＩＶがいるワケではないので、自分専用の注射器を使う限り、**人間はヤメても、**ＡＩＤＳにはなりません。麻薬による感染の多い国では、窮余《きゅうよ》の策として、麻薬常習者に注射器を無料で配っているほどです。

●心配無用　お世話編

ＨＩＶ感染者のオシッコ、ウンコ、ゲロの世話や始末をする

⬇これらには、ＨＩＶがごくちょっぴりいたりしますが、これっぽっちでは感染力はゼロ。感染の心配はまったくありません。

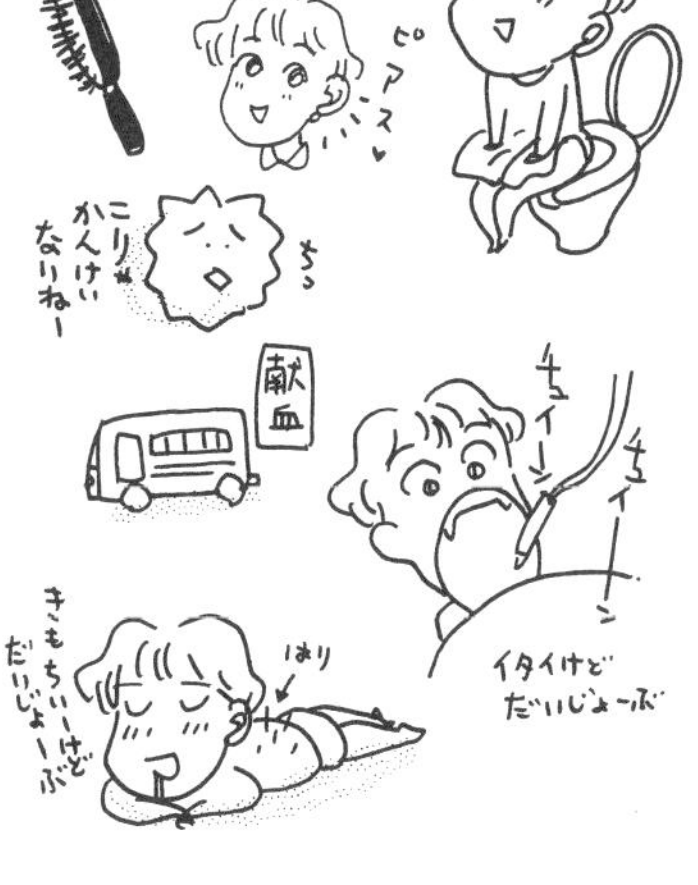

●心配無用　医療関係編

献血する

⬇採血に使う注射針は1回ごとの使い捨て。献血するあなたが感染することはありません。また、集められた血液についても、すべてＨＩＶ抗体のチェックをしています（ただしその結果が個人に通知されることはありません）。また、加熱処理もされ、日本での輸血は心配ありません。

注射、検査、診療、鍼《はり》治療などを受ける

⬇世の中にはＨＩＶより感染力の強い病原体が山ほどいます。その感染予防対策も含め、医療器具はすべて使い捨てや消毒が徹底しています。心配なしっ。

◎進化するA《エ》I《イ》DS《ズ》の治療

AIDSの治療薬は格段の進歩をとげました。感染=死ではない。早期発見を心掛け、きちんと治療方針をたてれば、発症をコントロールして健康に暮らしていける。専門家はAIDSを『治療可能な慢性《まんせい》疾患《しっかん》』と位置づけています。

治療コースA 人間の免疫力をサポートしてAIDSの発症を遅らせる

◆免疫とHIV①

私たちの免疫=病気に対する**抵抗力**は、主に血液中の**白血球**が担《にな》っています。バイキン類を喰い殺したり、抗体を作って蹴散《け》らしたり、攻撃物質をぶっぱなしたり、調べてみるとなかなかのものです。白血球はこれら役割に応じて何種類もいますが、その中で一番エライヤツが**CD4陽性リンパ球**と呼ばれます。総司令官を務めるリーダーです。

ところが**HIV**は人間の傷口から侵入、血管にもぐりこむや、卑劣にも!!いきなりこの**CD4陽性リンパ球にとりつく**。そして遺伝子を乗っ取り、自分のコピーを作って増殖する。だから免疫システムはガタガタでHIVをやっつけることができません。こうしてHIVは死ぬまで人間のからだの中に居座ることになるのです。

◆免疫とHIV②

潜伏期《せんぷくき》
感染後の無症状で健康な人と変わらない時期です(一部、感染1~2週間後に発熱や食欲不振、関節痛などを起こす人はいますが、一過性で風邪と区別がつきません)。潜伏期は個人差が大きく5年~10年。中には20年以上のロングサバイバーもいます。

この間、HIVは増殖し、本来血液1マイクロリットルあたり1000個程度いるCD4陽性リンパ球をじりじりと減らしていきます。

AIDS関連《かんれん》症《しょう》候群《こうぐん》期《き》
CD4陽性リンパ球が400以下に減ると、あきらかに免疫が落ち、原因不明の発熱、寝汗、倦怠感《けんたいかん》、貧血、下痢、体重の減少などが起こります。本格的な発症の前ぶれです。

AIDS発症期
CD4陽性リンパ球200以下。免疫がとても弱くなり、普通ならなんでもないバイキン類につけこまれ、いろいろな感染症を起こします(日和見《ひよりみ》感染)この感染症の症状は、カポジ肉腫などのがんも含めて23種類。多くは複合的に起こり、ひと口にAIDSといっても、バラエティに富んでいます。

発症期になると、ウイルスの変異などで薬の効きにくい難治性のタイプも出てきます。だからこそ早期発見、治療が大切なのです。

◆HIVの増殖を抑える薬

今のところHIVを完全に死滅させる治療薬はありません。でもHIVの**増殖を抑え、CD4陽性リンパ球を守って**やれれば、潜伏期を長~~く延ばせます。病気を管理し、上手に付き合っていく、まさに慢性疾患対策です。

現在はさまざまな薬が開発され、これらを適宜ブレンドして投与することで、高い効果を上げられるようになり、発症を遅らせたり、発症後もコントロールすることが可能になりました。副作用も軽減されています。

ほかにも遺伝子治療やワクチンを含め、新薬の研究は目白押しですから、近い将来には、その人の本来の寿命まで、元気に生きられる可能性が大いにあるのです。

治療コースB AIDS発症後の日和見感染を退治する

健康な人なら何でもない、からだの中に飼っていてもどってことない、そこいらにいるバイキンやカビに負けて、感染症やがんを起こすことを**日和見感染**《ひよりみかんせん》といいます。

これも研究が進んで、それぞれにいい薬ができてきました。CD4陽性リンパ球の数値を見て予防薬を投与したり、定期検診で早く見つけてたたけば、相当の**延命効果**が期待できます。発症しても回復して、日常生活に戻れるケースも多くなりました。

なお、日和見感染は、健康な人には決して**起こりません**から、AIDS患者をこわがるのは実にナンセンス。むしろ、あなたが患者・感染者に風邪やら水疱瘡《みずぼうそう》やらをうつさないよう、十分に注意をして!!

主な日和《ひより》見《み》感染症

ニューモシスチス肺炎：ニューモシスチス原虫が原因でセキ、発熱、呼吸困難を起こしますが、薬がよく効き、発症や再発をかなり防止できます。

カンジダ症：真菌《しんきん》というカビの一種で、普通の人でも爪や膣に軽い炎症を起こすことがあります。AIDSでは口腔、食道、内臓などに潰瘍ができ、物が飲み込めなくなったりします。でもいい抗真菌剤があるので、命にかかわることはありません。

トキソプラズマ脳症：時々ネコのウンチにいたりする原虫です。けいれんや意識障害、時には網膜炎や腹膜炎を合併することもあります。治療法と予防薬が確立しています。

サイトメガロウイルス感染症：ヘルペスウイルスの仲間で、いろんな悪さをしますが、代表的なのが視力障害や失明を引き起こす網膜炎です。定期的に眼底検査を受け、薬で発症、再発防止をはかります。

HIV脳症：HIVのために脳細胞がダメージを受け、老人性認知症のような症状がでます。かなり末期の症状です。

治療コースC
カウンセリングで生活の質を高める

治療法が進歩しても、HIV感染が手ごわい病気であることに変わりありません。また、STIという側面を考えれば、**パートナーへの告知**や2次、3次感染の問題、子どもへの母子感染の問題もクリアしていかなければなりません。そして

- いまだに差別や偏見がなくならない
- 家族や周囲の人たちとの人間関係が不安
- 生活や将来設計を変更する必要がある
- 治療は生涯続けなければならず、お金や時間がかかる etc. etc.

どんな病気もつらいものですが、社会の受け入れ態勢が不十分なHIV感染は**精神的に大きな負担**を伴います。

患者、感染者の心をサポートし、積極的に治療に向かえるように。パートナーの理解のもとで、安全なセックスライフが送れるように。家族や周囲の人々が共に闘い、応援してくれるように。学校や職場が理解してくれるように。必要な公的援助が受けられるように。

一人一人の**人権**を守り、今まで以上に生活の質＝**クオリティオブライフ**を高める。主治医とともに精神科医、カウンセラー、ソーシャルワーカーなどが重要な役割を担っています。

現在、エイズ拠点病院として全国に380ほどの医療機関が選定され、スタッフの育成が行われています。街の開業医の中にも治療に積極的な医師がいます。民間のボランティア団体もさまざまな活動を繰り広げています。患者、感染者のネットワークもいろいろあります。末期を迎えた患者のケアセンターやホスピスももちろん必要です。

これらをもっともっと**大きな輪**に広げるのは、**私たち全員の役目**です。自分自身の問題として取り組まなければなりません。

◎AIDS《エイズ》と共に生きる

感染者の権利のために

アメリカには**『障害者保護法（ADA）』**という法律があります。障害者が健常者と**同等の権利**を有し、**自立**できるように支援するための法律です。

この障害者にはHIV感染者や患者も含まれ、学校で企業で社会で、いかなる差別も受けてはならないと規定されています。

AIDSが注目されてから長い月日がたちました。HIVは、性的行為を除く日常生活ではいっさい感染しないと、科学的にも経験的にも立証されました。感染者が、少なくとも発症を迎えるまでは、健康な時とまったく変わらない生活を送れることも分かっています。

自分がHIV感染者＝ポジティブ（陽性）だということを、**ポジティブ＝前向きに生きる**という思いを込めて、カミングアウトする（名乗り出る）人が、日本でも増えてきています。差別と偏見、いじめとシカトの不幸な時代は、もうきっぱりと終わらせる時がきたのです。

良いAIDS、悪いAIDSはありません。

薬害AIDSは、二度と繰り返してはなら

なんとな〜く生きるなんて“贅沢”が、できなくなった

ジョセフ・パトリック・ボンマリート

命の期限を知った時

彼氏欲しぃ〜い！Hしたぁ〜い！ そう思っているのは、ティーンエイジャーのみんなだけじゃなくて、ゲイでHIVポジティブのボクも一緒。いや、みんな以上に強く思っている自信はある！ この5年間、不幸なことに3カ月以上続いた彼氏はいないけど、オ○ニーは毎日朝晩2回、Hは2週間以上空けずにヤッてるよ。そうじゃないとボク、体調悪くなるから……って、いきなりボクの性生活の話をしたりして、引かせちゃったかな？ でも勘違いして欲しくないんだ、HIVに感染しているからといって、禁欲生活を送っているわけじゃないってことを。

ボクがHIVに感染したのは1988年、NYに住んでいたころで、当時付き合っていた人から。彼から「HIVポジティブなんだけど、それでも付き合ってくれる？」って聞かれたとき、一瞬どうしようって迷わなかったといったらウソになるかな。でも、当時ボクのルームメイトにポジティブの人がいて、普通に仕事もHもできることを知っていたし、何より彼を愛し始めていたから、ボクはオーケーしたんだ。

ずっと、ボクらはセイファーセックスを心がけていたんだけど……。半年後、ボクは自分がHIVに感染していることを知った。

「アナタは陽性です」って告知されたときは、そりゃショックだったよ。頭の中が真っ白になった。当時は、HIVに感染したら8〜10年で死ぬって言われていたから、あと10年しか生きられないのかって。

いつか死ぬことぐらいわかっていたけど、命の期限をつきつけられて、動揺しない人なんていないと思う。その一方で、ボクの場合、予想通りの結果だなって思った自分がいたことも確か。その自分はすごくクールで、これからの人生について考え出していた気がする。仕事、恋愛、夢……etc。

ボクには、彼と付き合うことを決

ない悲しい事件です。被害者への支援と、国や製薬会社、医療機関の責任追及を、これからも私たちは忘れるわけにはいきません。

でも、もしその時、薬害ＡＩＤＳの被害者は「気の毒」だけど、麻薬やセックスで感染した人は「自業自得」だと、偏見にとらわれてしまったら？　せっかく血友病の人たちが、その厳しい闘いを通して、ＡＩＤＳという病気に対する無理解と差別が**悲劇**をより大きくしたことを、教えてくれたのに。世の中、ちっとも進歩しないではありませんか。

英知をかけて克服したい

セックスを通してであろうと、病気は病気。誰だって、いつ感染するか分からないのに、良いも悪いもありません。治療と支援が必要なのは変わりありません。

そりゃあ買売春や麻薬までいったら、褒《ほ》められたモノじゃないですが、人間、誰しも完ペキってワケじゃない。そんなことも、ついしでかしてしまう弱さを含めて人間。そして、その弱さをも認め合い、支え合い、助け合えるのもまた人間。人間の英知なのです。

ＡＩＤＳは必ず克服されなければならない病気です。若いみんなの**知恵と力と勇気と愛**で、すべての人が等しく、その生と性をまっとうできる社会を切り拓《ひら》いてくれることを、願わずにはいられません。

めたときから、自分も感染する日が来るんじゃないかって、覚悟みたいなものがあったのかもしれない。

それから、15年。10年で死ぬ予定が、5年も多く生きている。感染する前と後とで、一番大きな違いは、いつも何かの目標に向かって生きているってこと。感染を知った時から、ボクは、なんとな〜く生きるなんて〝贅沢〟が、できなくなったんだ。

生きるために払うリスク

今ＨＩＶは、いい薬が開発されたおかげで、死と直結する病気から、共に生きる病気に変わったと思う。

撮影　高橋聖人

でも、毎年エイズで死ぬ人は、後を絶たない。この間も、アメリカのある病院で、去年エイズで死んだ人が、80人いたっていうニュースがあって、その9割以上が薬を飲んでいなかったんだって。エイズで死ぬ人で、薬を飲まないケースって結構あるんだけど、これが何を意味しているかわかる？　薬を飲み続けるのは、いかにストレスが大きいかってことなんだ。

薬によっては、飲むタイミングが複雑で、1日に数リットル以上の水を飲まないといけないとかある。副作用が強くて、起きているだけでシンドイ場合もある。ボクも副作用のツラさは嫌というほど味わってきた。

頭痛、吐き気、下痢。尿道結石にもなったし、皮下脂肪がついて体重が10キロ増えたことも。生きるために払うリスクは大きいから、薬を飲むのをやめちゃう人が多いんだけど、ボクは違う。雑草のように、踏んでも切られても、生き続けることに執着する道を選んだから。

（2003年にインタヴュー）

DJパトリック

1965年、アメリカ生まれ。クラブＤＪを始め、自身のレコードレーベル『Positive Beat Records』をかかげ、音楽制作にも励む。またＨＩＶ／エイズ活動家としての顔を持ち、マスコミに登場し講演活動も行ってきた。2013年4月死去。

取材・文　茅島奈緒深

乗り切りノート

産婦人科の基本マニュアル

月経の心配、おりものの心配。思春期からは女のコだけのからだの悩みがふえてきます。そんな時の味方が産婦人科のお医者さん。でも、初めてだとアガってしまいそう……。どんな病院なのか、まず北村先生にQ&A。

産婦人科医ってどんなお医者さん？

一言でいえば『女性のためのホームドクター』だね。妊娠する性を持つ女性のからだは、とってもデリケートにできている。中でも女性ホルモンは、女の人の健康の鍵を常に握ってることを知って欲しい。

例えば思春期なら月経や排卵の問題だけじゃなく、貧血、低血圧、冷えやのぼせ、ニキビ、体臭、ベンピ、ゲリ、さらに毛深いとか太ってるとか……。全身的な悩みも、このホルモンの影響を受けていることが多いんだ。産婦人科では、そのすべての相談に乗っちゃう。女性のからだをトータルで考えるお医者さんだと思ってもらえばいいかな。

じゃ、妊婦さんだけじゃない……

そう。小さな女のコから、お年寄りまで来ているよ。幼くても膣炎にかかることはあるし、小学校低学年で初経があれば心配だ。それから君たち思春期の問題。セックスを体験するころになれば、妊娠やSTI。避妊の指導も診療の一つだね。

もっとオトナになると？

出産、あるいは不妊の治療。子宮や卵巣の病気というケースもある。30代になったら子宮筋腫やがんなどの検診のために訪れる人もいる。

さらにみんなのママぐらいからは、更年期といって、卵巣が生殖年齢を終えて一休みする時期に入る。ホルモンのバランスが変わるため、のぼせ、冷え、肩凝り、腰痛、イライラといったトラブルが出やすいんだ。

女性が健康で、パートナーとも生き生き暮らせるように、産婦人科とは一生のお付き合いってワケ。

からだのトラブル

思春期の問題を詳しく教えて

一番多いのが、月経のトラブルだね。特にダイエットによる無月経。こんな時はすぐ病院へ来て欲しい。

他には月経の不順、月経時の痛み。おりものやおっぱいの心配。子宮が未発達で、ホルモンもまだアンバランスな思春期は、悩みがいろいろ出てくる。たとえ小さな不安でも、かかえたまま毎日暮らすなんてナンセンスだからね。僕たちを積極的に利用してよ。

内診がちょっとコワくて…

10代の女性では、子宮や卵巣の病気の心配はまずないから、内診《ないしん》のいらないケースの方が多いんだよ。ダイエットによる無月経や、月経の不順、痛みなら、基礎体温（これはぜひ計ってきて欲しい）や血液検査によるホルモンの測定、超音波断層《ちょうおんぱだんそう》診断《しんだん》などでたいがい診断がつく。思春期には、むしろ貧血の有無、甲状腺の機能、おっぱいや性毛の発育といった全身状態を診るほうが大切になる。

最近は『思春期外来』といって、思春期の女のコと男のコのための専門の科を設けている病院も多いから、訪ねてみるといい。ちなみに僕のクリニックもその一つ。

じゃ、内診の必要なケースは？

15歳以上で初経が来ないような場合は、内性器の奇形などを考えなくてはいけないから、診察が必要になる。腟炎も診なければ診断できない。その時は医師がなぜ内診が必要なのか、理由をきちんと説明してくれるはずだし、看護師さんも安心して受けられるよう配慮してくれると思う。基本的には、小児科や内科で診察するのと同じこと。リラックスしてのぞんで欲しい。

セックスを経験している女性で、妊娠やSTIの可能性があれば当然内診は必要。オトナの女性としてきちんと対応できなきゃ恥ずかしいゾ。

＊**内診**：特殊な台の上に、仰向けに寝て、軽く脚を開き、外性器や内性器の診察をすること。婦人科診察ともいう。

＊**超音波断層診断**：私たちの耳には聞こえない、高い周波数の音波を利用する検査方法。おなかにゼリーを塗って、超音波をあて、はねかえる音波を画像に映すと、子宮や卵巣など内臓の状態がその場で分かる。痛みはまったくなく、レントゲンのような副作用の心配もない。

トラブル編】

女性の性的機能が完成するのは、一般に18〜20歳前後と言われています。つまりその頃までに、表①のように

- 月経がスタンダードな形に安定する。
- 毎回、排卵がある。

ようになります。思春期のからだは「スタンダード」を目指して発展途上というところ。だからオトナの女性のように、月経の「異常」に神経質になることはありません。

表②では、10代のみんなにありがちな心配ごとをまとめてみました。

- チェックIとIIは、絶対に産婦人科の先生に相談して欲しいこと。
- チェックIIIからVIは、ほとんどオトナになれば解決する問題だけど、不安ならガマンすることは全然ないから、病院に行っちゃおうということ。

＊印の症例については、もっと詳しい説明がP.130〜P.133にあります。併せて読んでみてください。

表② **思春期の月経と不安**

チェックI			チェックII		チェックIII		
月経と年齢			月経の停止		月経と周期		
●10歳以下で初経がもう ↓	●15〜17歳でやっと初経がきた ↓	●18歳で初経がまだ ↓	●予定月経が2週間以上遅れている ↓	●月経が3カ月以上止まったまま ↓	●月経周期がバラバラ ↓	●月経と月経の中間に出血がある ↓	●月経の前後に出血が続く ↓
早発月経	遅発月経	＊①原発性無月経	妊娠	＊②続発性無月経	稀発月経 or 頻発月経	＊③排卵期出血	＊④機能性出血
女性ホルモンのうち卵胞ホルモンが異常に早く分泌されて起こります。このホルモンは骨の発達も促すので、一時、身長が伸びますが、その後成長が止まり「小人症」になるなど問題が大きいので、注意が必要です。	現在、日本の女のコの約90%が15歳までに初経を迎えています。このまま来ないと、原発性無月経になりますから、15歳でまだなら一度診察を受けてみましょう	処女膜閉鎖や、膣及び子宮の奇形、発育不全、卵巣の機能障害、脳の視床下部、脳下垂体の異常などが原因で月経が起こらないことです。必ず診察を受け、可能な限り治療を。将来、妊娠が不可能なケースもあります。	セックスの経験があれば、たとえ小学生でも妊娠の可能性が。若年では十分な知識がないため妊娠に気付かず、手遅れになることも。	初経は経験ずみなのに、過度のダイエットやストレス、過激なスポーツなどが原因で、月経のない状態が3カ月以上続くことです。月経をコントロールする脳の視床下部までダメージを受けるので、不妊症の原因にも。早期の治療が欠かせません。	思春期は不安定だって当たり前。20日ごとでも、70日ごとでも、先月20日、今月60日、来月30日でも、繰り返し月経が来るなら、10代のうちはアセらなくても平気です。ただ3カ月以上の無月経は放置しないこと	排卵の時期＝基礎体温で低温相から高温相に移るあたりに、1〜5日ほど軽い出血と痛みのある人がいます。排卵に伴う生理的なものですから心配はいりません。	ホルモンのバランスがまだ不安定な思春期には、月経の前後に出血することがありがちです。ほとんどオトナになれば解決します
即・病院へ			即・病院へ		念のため、やっぱ病院へ		

【月経の

表①

月経の量	月経の持続日数	月経の周期	
・一応22～120ｇですが、普通は計れないので、目安として、レバーのような固まりが混ざる、量の多い日が２日以内なら正常と考えます。	・月経のあった期間の日数です。 ・３日から７日を正常の範囲とします。	・月経の初日から次回月経の前日までの日数です。 ・25日から38日を正常の範囲とします。 ＊月経の周期は、毎回ピッタリ28日というようなことはありません。同じ人でも５日から10日ぐらい幅があるのが普通です。	月経のスタンダード
過多月経（かたげっけい） 固まりが混ざる出血量の多い日が３日以上続く場合 過少月経（かしょうげっけい） 月経期間中、ナプキンにサラリとつく程度の出血しかない	過長月経（かちょうげっけい） 持続日数が８日以上の場合 過短月経（かたんげっけい） 持続日数が２日以下の場合	稀発月経（きはつげっけい） 周期が39日以上の場合 頻発月経（ひんぱつげっけい） 周期が24日以下の場合	月経の異常

チェックⅥ	チェックⅤ	チェックⅣ	
月経と排卵	月経に伴う症状	月経の量	
●排卵がまだない	●月経の1～2週間前に不快 ●月経本番中に不快	●量が多い ●量が少ない	●月経と無関係に出血がある
無排卵性月経	＊⑥月経前症候群 ＊⑦月経困難症 病気による月経困難症	過多月経 病気による過多月経 過少月経	＊⑤機能性出血 病気による不正出血
排卵を伴わない月経。基礎体温を計ると低温一相性です。17歳の女子高校生の約30％が無排卵と言われ、心配無用。20歳になっても×なら産婦人科に相談して。	月経前の1～2週間に、腹痛、腰痛、乳房痛、ベンピ、肌荒れ、イライラ、眠気など不愉快な症状のでる人がいます。原因はこの頃盛んに分泌される黄体ホルモンのイタズラ。最近はいい治療法があります。 月経時に頭痛、腹痛、腰痛、ゲリ、ダルイ、イライラなどが起こることです。若くて子宮が十分発達していない、月経時の子宮収縮が強すぎる、などが原因。月経がキライだと症状が重くなるケースも。医師に鎮痛剤などを処方してもらえば、すっごく楽になります。 病気＝子宮筋腫、子宮内膜症、骨盤内感染症、卵巣の腫大などのため月経が重くなるケース。これも10代で心配することはないでしょう。	経血量の多少は個人差が大きいので、ほとんど心配ありません。思春期はだいたい多めでレバーのような固まりが混ざることもありがち。ただ貧血チェックはぜひしておいて。 子宮内膜症や子宮筋腫といった病気のために経血量が異常に多い場合がありますが、10代ではマレなことです。 これも体質、個人差の範囲でしょう。気になるなら、医師に相談し、不安を解消して。	ホルモンのバランスが不安定なため、ランダムな不正出血が続くことです。ただ貧血を伴うことが多いので、一度チェックしておきましょう。 子宮や卵巣の病気による出血で、子宮がんやポリープ、びらんなどがあげられますが、10代ではまず滅多にありません。
	不快なら、ぜひ病院へ	不安なら病院へ	

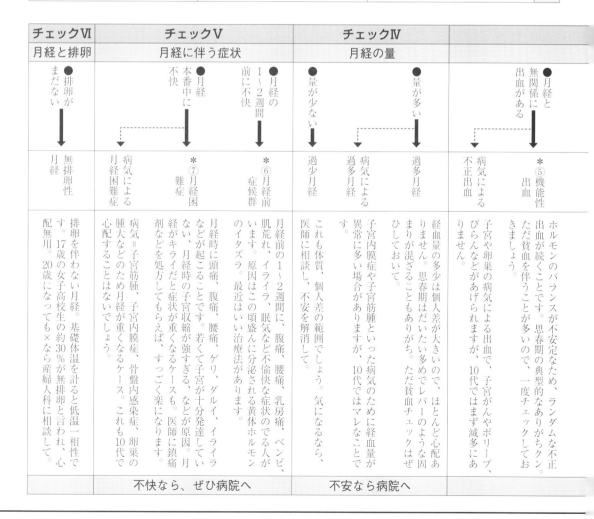

トラブル編】

チェック！ 月経と年齢

早過ぎても遅すぎても困るのが月経。もし15歳を過ぎても「まだ」なら、おっぱいのふくらみや、性毛の生え方チェック。基礎体温も計って、産婦人科に相談してみよう。

❶原発性無月経《げんぱつせいむげっけい》

【症状】

18歳を過ぎても初経が来ないこと。

【原因】

月経にかかわっている器官は、脳の中の・視床下部・脳下垂体、女性性器の・卵巣・子宮・膣。そのどこかに異常のある可能性が。

【治療】

●見せかけの無月経の場合

実は月経が始まっているのに、処女膜の閉鎖のために経血が外に出られないでいることをいいます。外科的治療＝処女膜の切開で治ります。

●その他の無月経の場合

血液検査でホルモンの量や染色体を調べたり、超音波断層診断で子宮や卵巣の様子をみたり、時には脳のレントゲンを撮ったり。様々な検査で原因を確かめ、それに合わせた治療をします。

発育不全やホルモンの分泌異常が多いのですが、先天的な染色体異常や性器の奇形の場合は、治療が困難になります。

チェック！ 月経の停止

月経が止まるというのは、女のコの一大事。決して甘くみないでください。

❷続発性無月経《ぞくはつせいむげっけい》

【症状】

初経を経験しているのに、その後**3カ月以上**、月経がない状態が続くこと。

【原因】

ベスト1が**ダイエット**による体重減少。他にストレスや過激なスポーツトレーニングなど。

【くわしい原因】

月経を管理監督している視床下部は他にも食欲、睡眠、体温、心のバランスなども管理監督する重要なセクションです。

●例題A　体重の減少

育ち盛りにダイエットで、体重を2、3カ月に15～20％も減らすと、確実に無月経です。うかうかしてると命が危ないと思うので、視床下部が**省エネ**のため、月経＝性的機能を止めてしまうからです。だいたい視床下部の中で、「食欲管理部門」と「性的機能管理部門」は近い位置にあるため、食欲が狂うと、性的機能も狂います。特に拒食症、過食症といった摂食《せっしょく》障害《しょうがい》が起これば、てきめんに月経は止まる。女のコの**最大注意事項**です。

●例題B　ストレス

受験、人間関係、寮生活などの急激な環境の変化といった**過度のストレス**でも月経が止まることがあります。これも視床下部の「心のバランス管理部門」と「性的機能管理部門」が近いからで油断はできません。

●例題C　スポーツ

厳しいスポーツトレーニングを続けていると、やはり**省エネ**のため、月経が止まるケースがでてきます。なかでもバレエや新体操といったスリムな体型を要求されるものだと、ダイエットも重なって危険。たいがい貧血も伴い、からだ作りのためのスポーツで、からだを壊してたらシャレにならん。

【治療】

このような視床下部及び脳下垂体性の無月経は、なんといっても大本がヤラれているのですから、手ごわい。視床下部が送るべき「性腺刺激ホルモン放出ホルモン」が、悩下

【月経の

垂体に届かなかったり、脳下垂体が送るべき「性腺刺激ホルモン」が卵巣に届かないと、卵巣も女性ホルモンの分泌をさぼる。放置すると月経の停止だけでなく、性器自体も萎《い》縮《しゅく》してしまいます。あわてて**体重**を元に戻しても、月経は**戻りません**。

即、産婦人科にかかり、ホルモンなどの治療を受けてください。2年、3年とかかることもあり、ひどい場合は不妊症の原因にもなります。

たかが数カ月の**ダイエット**で一生**後悔**しないでください！

チェック！ 月経と周期

基本的にいって、思春期は周期がバラバラだったり、不規則な出血があったりいろいろです。あまり神経質にならないように。

③排卵《はいらん》期《き》出血《しゅっけつ》

【症状】

排卵のころに起こる1〜5日間の軽い性器出血で、まったく生理的なもの。腹痛を伴うこともあります。別名は中間期出血。月経が頻繁に来て困るというコが、基礎体温を計ってみると、実はこの排卵期出血だったというケースが結構ある。

【原因】

排卵に伴うホルモンの変化。

【治療】

異常じゃないので、基本的に治療の必要なし。腹痛がひどい時のみ、鎮痛剤を。

④⑤機《き》能《のう》性《せい》出《しゅっ》血《けつ》

【症状】

特別病気じゃないのに、気まぐれな出血＝不正出血が起こることを、専門用語で機能性出血といいます。

【原因】

思春期のホルモンのアンバランス。

【詳しい原因】

性器からの生理的な出血は、基本的に分泌された**女性ホルモン**（卵胞ホルモンと黄体ホルモン）が、時間とともに消えていく時に起こることになっています（消退出血）。排卵期出血なら月経周期前半の卵胞ホルモンが一時的に消える時だし、月経の出血なら後半の黄体ホルモンが消える時です。

ところが思春期だと、まだ女性ホルモンの分泌が気まぐれで、消え方も気まぐれ。結果、ヘンな時に出血したり、月経が長引いたりします。特に無排卵だと、黄体ホルモンが分泌されないため、卵胞ホルモンだけがずるずる分泌される。よけい不安定で月経も長引きやすくなる。

まぁ、そんなこんなで、月経なのか違うのか、よく分からん状態の**機能性出血**が起こるのです。

【治療】

10代では、特別異常とはいえません。ただ**貧血**を起こしている場合は**治療**の対象です。

また出血が長かったり、不規則だと

- 体育やプールの授業にさしつかえる。
- 旅行などの予定がたてにくい。
- 白っぽいオシャレが楽しめない。
- ナプキンにやたらお金がかかる。
- またまたショーツを汚した。
- 何より、うっとうしい。

わけで、**日常生活が不自由**です。遠慮せずに、産婦人科へ行きましょう。ホルモン剤を投与して、バランスを整えたり、止血剤を使ったり、漢方薬を飲んだり、治療には、いろいろな方法があります。

トラブル編】

チェック！ 月経に伴う症状

女性ホルモンのリズムによって変化する、女のコのコンディション。
つらい時には産婦人科。上手に乗り切る方法をマスターしよう。

❻月経前症候群《げっけいぜんしょうこうぐん》

【症状】

月経のまえ2週間から月経直前までに、イライラ、ユーウツ、眠気、頭痛、腹痛、腰痛、乳房痛、ニキビ、肌荒れ、ベンピなどのイヤな症状がでること。**PMS**ともいいます。

【原因】

排卵後に分泌される黄体ホルモンの影響といわれています。

【詳しい原因】

この時期、ホルモンの作用でからだ中の細胞が水分を含んで**むくみ**ます。

頭痛、眠気、イライラなどは脳のむくみ。ヒステリーでキレる、万引きしたくなる、してしまったという重症者もたまにいます。

頭痛、腰痛は骨盤内がむくんで**うっ血**するため。ベンピも、腸がむくんでよく動かず、加えてウンコの水分まで腸が吸収し、ますますウンコを固くするため起こります。

もちろん個人差がありますが、からだ全体、今いちすっきりしないのが症状です。

【治療】

産婦人科では

- ホルモン剤で排卵を抑える。
- 精神安定剤、鎮静剤を使う。
- 利尿剤で**オシッコ**をジャージャー出し、むくみをすっきりとる。これはホントに効くそうです。
- 痛みには鎮痛剤を。

などなど、その人に合わせた治療をします。

自分では

月経周期から、自分でもアブナイ時期が割り出せます。イライラが来ると思ったら

- 睡眠不足を避ける。
- 規則正しく食事をとる。特に朝食を抜くと、血糖値が下がってよけいイラつきます。
- 塩辛いものをとり過ぎない。
- 気分転換をはかる。
- デートを延期しケンカを避ける。

などなどがあげられます。

また、月経前症候群にはビタミンB類とマグネシウムがよいそうなので、

- 納豆、豆腐、胚芽米、ナッツ類、イモ類、ウナギ、豚肉、バナナなどがおすすめです。

❼月経困難症《げっけいこんなんしょう》

【症状】

月経時に**腹痛**、**腰痛**、頭痛、吐き気、めまいなどイヤな症状がでることで、寝込むほど重症の人もいます。

【原因】

思春期では

- 子宮がまだ**未発達**なため、子宮の

【月経の

入口がピンホールのような状態になっていて、経血が出にくく腹痛が起こる（だから将来出産を経験するとたいがい治る）。

・同時に骨盤内もうっ血して神経を刺激するため、腰とお腹が痛む。

・経血を押し出すための子宮収縮が強すぎて痛む。なお、この収縮を起こすホルモンを**プロスタグランディン**といい、血液中に入って頭にも届くため、頭痛も起こる（プロスタグランディンは腸まで収縮させるので**ゲリ**る人もいる）。

・子宮内膜症（↓P.75）という病気がある場合。子宮の外側や周辺の内臓にも内膜が増殖し、痛みが強く出血量も多い。

【治療】

イタイものはイタイのですから、ガマンする必要はまったくありません。

産婦人科では

・鎮痛剤を使う。市販のものより、やっぱり**病院で処方**してもらう薬（イシダシン座薬とかポンタールという名前です）がよく効く。プロスタグランディンを抑える成分が入っているからです。

・これは「あ、痛むカナ」と予感がしたらすぐ飲むのが効果的で、その後も指示どおりに飲みます（モチ、座薬のほうは飲み薬じゃないヨ。この場合は肛門に入れるの）。

・1カ月に2日や3日、鎮痛剤を飲んだぐらいで副作用がでるような心配はまったく無用。「もう月経は痛くない。もうキライじゃない」と**自信**がつくと、不思議と薬なしでも大丈夫になってしまうものです。

・低用量女性ホルモン剤を使う。

子宮内膜症や月経困難症の治療薬として低用量女性ホルモン剤を使います。病気というほどでなくとも、避妊を兼ねて低用量女性ホルモン剤を服用すると、子宮内膜が厚くならないので月経の量が減り、痛みが軽減します。

自分では

・お風呂に入って暖まる。

血行がよくなり、骨盤内のうっ血がとれるので楽になります。この他、からだを冷やさない、ピタピタジーンズなどで締め付けないといった注意も必要です。

・適度なスポーツをする。

やっぱり血行をよくします。左のイラストは『マンスリービクス』といって月経痛に効果のある体操。試してください。

座って

[1〜4]
背筋を伸ばし、左右の膝をおし下げます。

[5〜8]
力を抜いてリラックス。1〜8を数回繰り返し。

座って：ツイスト伸ばし

[1〜4]
椅子に腰かけ、左脚をあぐらをかくように、右ヒザに乗せてください。上体を左にひねり右手は左のヒザ、左手は椅子の背。この姿勢で、さらに左肩を後ろに引き上体をすっきり伸ばしてひねります。

[5〜8]
ひねったままの姿勢で、からだの力を脱き、上体をななめ前に曲げてリラックス。1〜8を数回、次に足をかえ反対側を数回。

寝て：すべり台

まず、あおむけに寝て、脚を腰幅に開き、ヒザを立てます。この時手の平は下。床を押さえるようにします。

[1〜4] 軽く息を吸い、それから静かに吐きながら腰を上げます。肩からヒザまで一直線になるまで上げます。

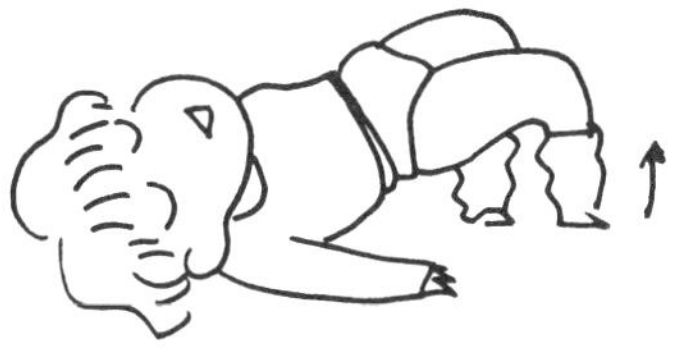

[5〜8] さらに息を吐きながら、腰を下げて元の姿勢に。1〜8を数回繰り返し。

『マンスリービクス』（日本家族計画協会）より

トラブル編】

健康な時のおりものと、病気の時のおりもの。いつも性器をチェックしているとよーく分かるはず。表③を参考に、「ン？」と思ったらレッツゴー産婦人科。

表③

大事なおりものクン

正常なおりものは、だいたい白かクリーム色で、ショーツにつくと黄色っぽくなり、甘酸っぱい臭いがします。量は個人差が大きいけど、排卵のころが多め、月経前が少なめです。この中にはデーデルライン桿菌《かんきん》という善玉菌がいっぱいいて、膣がワルイバイキン類で感染症を起こすのを防いでいます。だから膣の中をジャブジャブ洗うのは逆効果だって覚えておいて。

- 月経周期と関係がある
  - 透明 ― 排卵期にある①
- 月経周期と関係がない
  - 白色
    - 乳かす状でカユイ②
    - 量が増えた③
  - 黄色
    - やーな臭いがする④
    - 量がふえ、少しカユイ⑤
    - 濃く、やーな臭いですごくカユイ⑥
    - 膿みたいで、やーなカンジ⑦

❶排卵時の子《し》宮《きゅう》頸《けい》管《かん》粘《ねん》液《えき》

排卵に伴う生理的なもので、少しも心配いりません。卵の白身みたいなカンジで、とろーんとでてきます。

❷カンジダ膣《ちつ》炎《えん》

カンジダ・アルビカンスというカビが繁殖して起こります。空気中にいる常在菌で、過労などで抵抗力のない時や、抗生物質など強い薬を飲み続けて、膣内のデーデルライン桿菌が減った時に、つけこまれて感染します。

ひじょーにカユクて、乳かす、豆腐かす、チーズかすみたいなおりものがボロボロ。ありふれた病気ですが、なかなかシツコイので、医師の指示を守って、しっかり治療しましょう。なお、**セックス**でパートナーにうつし合う、**STI**でもあります。この場合は二人で病院へ。

❸ホルモンの乱れによるおりもの

冷えや過労などで、ホルモンのバランスが悪くなると、急に量が増えることがよくあります。外陰部を清潔にし、規則正しい生活や食事を心掛け、様子をみましょう。

❹異物性膣炎

タンポン、コンドーム、ペッサリーなど、異物を出し忘れると、そこにバイキンが思いっきり繁殖して炎症を起こします。取り除いて洗浄すれば簡単に治りますが、女の恥といえるものです。

❺非特異性膣炎

そこらにいる大腸菌とか、寄生虫とかに感染して起こります。トイレで「後ろから前」

【おりものの

に拭いたりすると危険（だから幼い女の子もかかる）。バイキンの種類に合わせた薬で治療します。

❻トリコモナス腟炎

トリコモナス原虫というバイキンが原因です。泡のまじった、多量の、濃い、緑っぽい、茶っぽいおりものが特徴で、ひじょーにカユイ。タチが悪く、放っとくと、子宮や膀胱にも感染がひろがります。即、病院。

これも**セックス**でうつる**STI**として有名です。

❼化膿菌《かのうきん》による感染

セックス経験者なら、**STIの淋病**を疑ってください。

その他の、タチの悪ーい化膿性のバイキン感染でも起こります。発熱や腹痛を伴う時は、感染が子宮や、卵巣までひろがってる可能性大。大至急、病院へ！

トラブル チェック・メモ

貧血

からだじゅうに酸素を運ぶ、血液中の「赤血球」の、そのまた中の「血色素」が不足して起こります。なんといっても月経で〝血〟を消費する女のコは油断大敵。ダイエットなどで栄養状態が悪いと、血色素をつくる「鉄分」が不足するのでテキメンです。

- アカンベをすると、眼瞼結膜《がんけんけつまく》が白っぽい。
- 顔色が悪い。
- 疲れやすく、ひどくなると息切れ、動悸《どうき》、めまい、立ちくらみがある。
- 爪が弱くなったり、くぼんだりする。

といった症状が。酸欠の金魚みたいなもので、フラフラ。からだの抵抗力が落ちて大きなトラブルを起こしかねません。

鉄分を含む、レバー、ひじき、しじみ、シラス、ゴマ、ホーレン草などしっかり食べて。重症なら病院で「鉄剤」を処方してもらいます。

膀胱炎

オシッコが近い。でも量はチョッピリで濃い色。残ってるカンジ。したあと、ツーーンと痛い。熱が出ることも。

としたらボーコー炎。女のコは尿道が短いから、すぐバイキンがボーコーに入って感染してしまう。産婦人科か泌尿器科へ行って、バイキンに合わせた薬を処方してもらうこと。市販の薬に頼ったり、治療をいいかげんにしてサボルと、再発して結構タチが悪いから注意して。

あと、安静にして、刺激の強い食べ物はパス。水分をたっぷりとって、オシッコをたっぷり出し、バイキンをおいだすこと。

日頃から

- 外陰部を清潔に（セックス経験者は特に注意のこと。セックスのあと、すぐトイレに行ってオシッコをすると予防になる）。
- トイレで「前から後ろ」の原則を守る。
- トイレをガマンしない。
- ピタピタジーンズなどムレやすいものをはかない。
- 睡眠不足や過労を避け、バイキンに対する抵抗力をやしなう。
- 月経時はナプキンをまめに交換。

を守りましょう。

ワクチンの話

若い女性に増えているがん

「がん」といえば一般に中高年の病気なのですが、たった一つ、10代の女のコにも気をつけてほしいがんがあります。「子宮頸《しきゅうけい》がん」。グラフのように、近年20代、30代の若い女性に増えているがんなのです。

普通、みんなが耳にするのは「子宮がん」だと思いますが、正確に言うと子宮がんには2種類あります。1つがこの子宮頸がんで、子宮の入り口周辺に発生します。もう一つは赤ちゃんが育つ子宮本体にできるがん「子宮体《たい》がん」で、こちらにかかるのはほとんど50歳以上の女性です。

子宮頸がんがなぜ若い女性にも多いのかというと、原因がセックスで感染するウイルスだから。名前はHPV＝ヒトパピローマウイルス。皮膚の表面などにウロウロしているありふれた常在ウイルスです。遺伝子の型から200種類以上に分類されており、がん発症の約8割に関係するとされる16型、18型を代表選手として、全部で15種類ほど子宮頸がんの高リスクタイプが存在します。

コンドームを使ってもパーフェクトではない

実は、セックス経験者の8割以上が、生涯に1度は高リスクHPVに感染するといわれています。通常は免疫力（からだの抵抗力）が働いて、さっさと追い出してしまうのですが、ごく一部が何年も住みついて持続感染することに。そしてその中の一部が細胞の遺伝子に変異を起こし（前がん病変）、さらに一部が子宮頸がんに育ってしまいます。

子宮頸がんの一歩手前状態で早く発見できれば、子宮の入り口をちょこっと円錐《えんすい》型に切り取る手術でがんになるのを防ぐことができますが、その手術が流産や早産、不妊症の原因になることがあります。でも進行してがんが大きくなると、子宮を含めて周辺の組織を全部とらなければいけなくなり、将来の出産をあきらめなければなりません。もっと進行して、肺などほかの臓器まで転移してしまうと、命にかかわることのあるのが、がんの恐いところ。子宮頸がんにかかる患者さんは年間1万人ほど。亡くなる方は年間約3千人と報告されています。

20～30代で子宮頸がんに罹《かか》る人の率

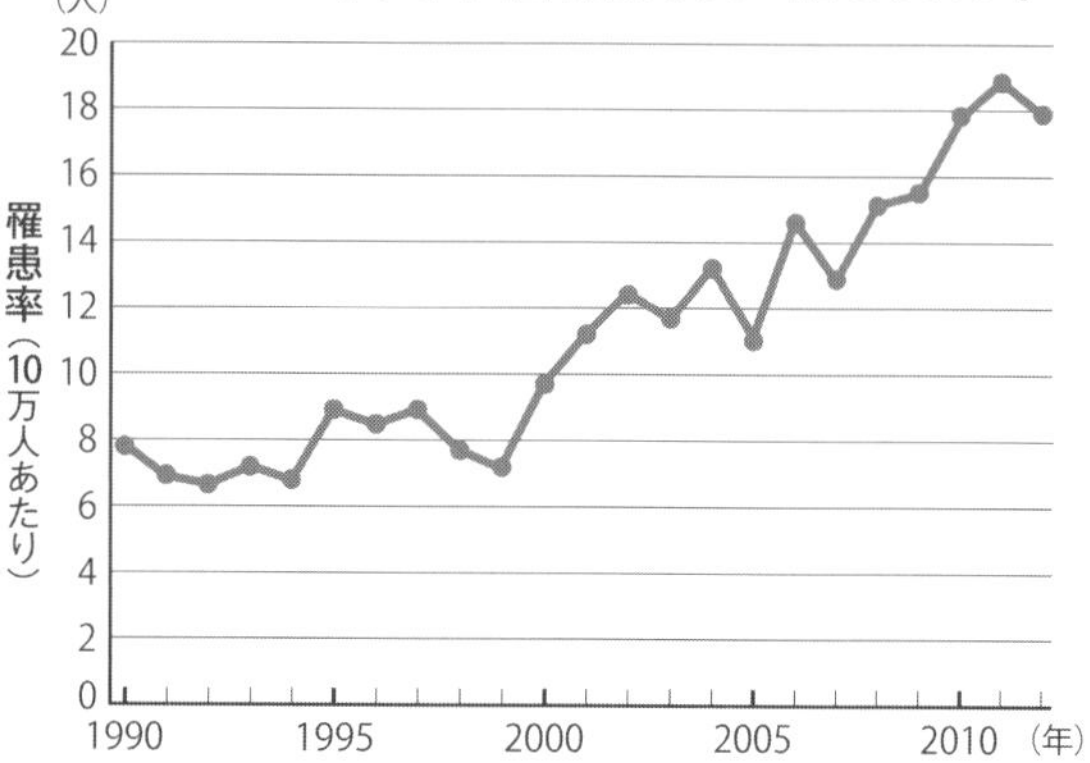

国立がん研究センターがん対策情報センター「地域がん登録全国推計によるがん罹患データ」（1975年～2012年）より作図

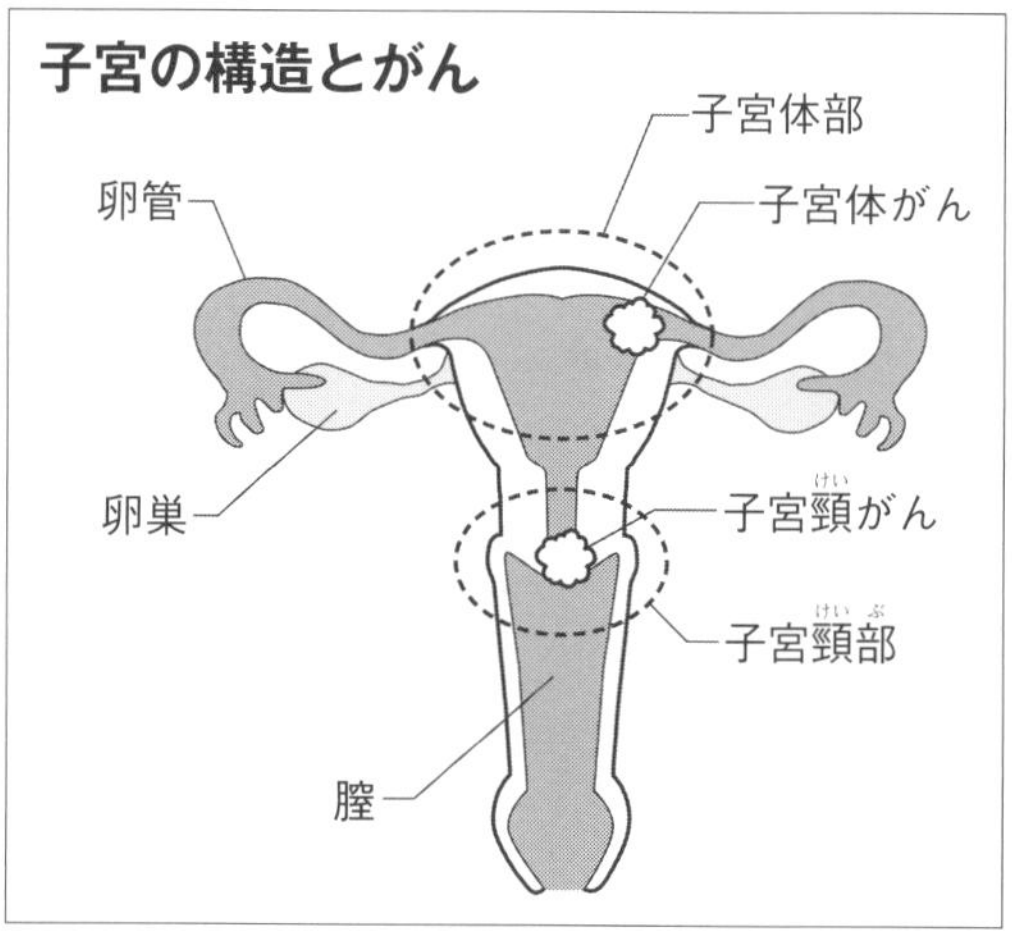

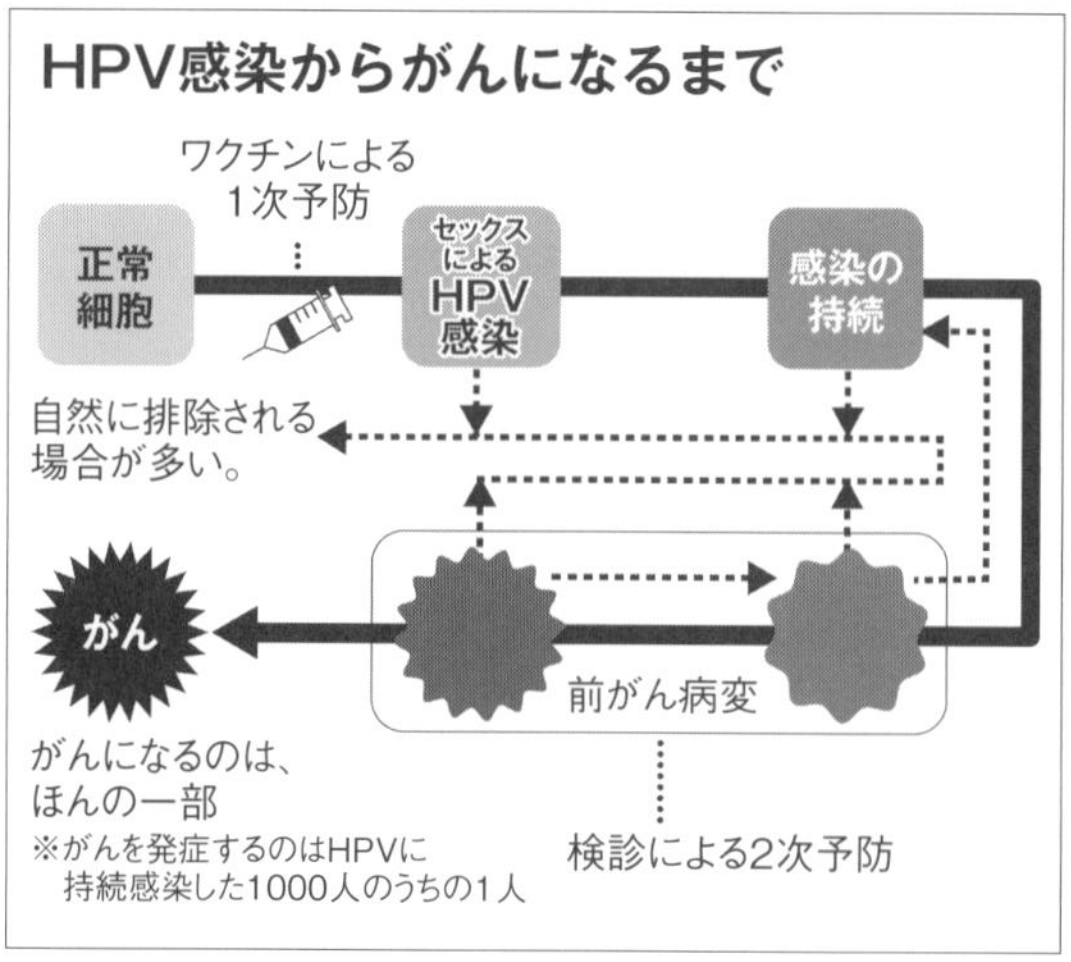

子宮頸がんと

コンドームを常に正しく使うことで、他の性感染症のようにHPVの感染を防ぐことができますが、必ずしもパーフェクトとは言えません。というのは、HPVは性器だけに存在するわけではなく、咽頭や舌、肛門にも感染する可能性があるからです。

ワクチンで予防ができるがん

幸いなことに、子宮頸がんはHPVワクチンを注射することで予防できます。日本は厚生労働省の方針で、小学6年生から高校1年生相当の女のコへの接種が定期接種として実施されていて、該当する女のコは、希望すれば無料で受けることができます。定期接種のチャンスを逃すと、約5万円もかかる自由診療になってしまうので注意しましょう。

ワクチンの接種には16・18型の感染を予防する2価ワクチン「サーバリックス」と、16・18型のほかに外陰部に良性のイボができる性感染症、尖圭《せんけい》コンジローマ（→P.113）の原因となる6・11型も防ぐ効果のある4価ワクチン「ガーダシル」、さらに2020年7月に製造販売が承認された9価ワクチン「シルガード9」の3種類があります。いずれも、上腕への筋肉注射で、6カ月間に3回接種します。

ワクチンにはすでに感染したウイルスを追い出す力はありません。だからセックス経験のないうちに打っておくのがベストです。もちろん20代、30代の女性が打っても、子宮頸がんにかかる確率を下げることはできるので、手遅れというわけではありません。

例えば4価のワクチンの副反応をみると、注射部位の痛みが8割以上、皮膚の発疹や腫れが3割、かゆみ6％などが認められています。定期接種がスタートした2013年には、因果関係ははっきりしませんが、ワクチン接種で生じたとされる多様な症状に関する報道が相次いで、積極的接種勧奨が差し控えられるという事態が生じました。その結果、定期接種対象者の7割近くが接種していたものが1％未満になってしまったのです。

これらの問題を解明するために、2015年には名古屋市で、HPVワクチン接種・非接種を含めた約7万人を対象とした調査が行われています（回答者約3万人）。多様な症状24項目について、比較検討した結果、HPVワクチンと報告された症状の発生との間には関連性が見出されませんでした。

HPVワクチンに限らず、ほかのワクチンでも、治療のための薬でもリスクはゼロではありません。接種のメリットとデメリットを医師や保護者の方とも相談して科学的に判断してください。

HPVワクチンの最新情報

HPVワクチンをめぐって、大きな動きが起こっています。

1つめは、ワクチン接種が子宮頸がんの発症予防を可能にしたというスウェーデンでの大規模調査の結果が報告された（2020年10月）ことです。これでHPVワクチンのことを「子宮頸がん予防ワクチン」と堂々と言えるようになりました。

2つめは、日本において9価のHPVワクチンの製造販売が正式に承認されたこと。9価とは6、11、16、18、31、33、45、52、58型に対するHPVワクチンのことで、子宮頸がんに限って言えば90％近くをカバーできることになります。

3つめは、積極的接種の推奨です。2013年4月にHPVワクチンが定期接種化されたのですが、ワクチン接種で生じたとされる多様な症状に関する報道が相次いで、同年6月に国は積極的接種勧奨の差し控えを発表していました。2020年8月から、積極的接種勧奨の再開とまではいかないものの、再開に向けて大分踏み込んだ動きが起こっています。

4つめは、男性への接種。尖圭コンジローマに加え肛門がんなどは、HPV感染が原因であることが分かっています。日本では女性だけが接種の対象となっていたHPVワクチンですが、国は、尖圭コンジローマの9割をカバーする4価のHPVワクチンについて、9歳以上の男性への接種対象拡大と、肛門がんの予防法としての使用を認めたのです。これで一歩、先進国なみに近づきました。とはいえ、男性に対してはまだ任意の接種に留まっていますので、無料というわけではありません。

EPILOGUE

卒業式

「しろいうさぎとくろいうさぎ」

僕の家に『しろいうさぎとくろいうさぎ』（福音館書店）という絵本がある。忘れもしない、僕と同居している妻にプレゼントした本だ。世でいうプロポーズの言葉が、この本の裏表紙に添えられている。

「君と永遠に住めますように……」

今振り返ればきざな言葉だが、40年前のあの時は真剣だった。この絵本の内容をかいつまんで紹介したい。

野山で遊び戯れていた白いうさぎと黒いうさぎ。時折、黒いうさぎは悲しそうな顔をして座り込む。「どうかしたの?」と声をかける白いうさぎに、黒いうさぎは「僕、ちょっと考えていたんだ」と。こんなことが2度、3度と繰り返されると、いたたまれなくなった白いうさぎが、「何をそんなに考えているの?」と尋ねる。「僕、願い事をしているんだ。いつも、いつも、いつまでも、君と一緒にいられますようにってさ」と応える。白いうさぎと黒いうさぎは、互いに手を握りながら、「いつも、いつも、いつまでも」と確認し合った。

母子家庭という環境に育てられた僕は、幼い頃から父と母のいる家庭を夢見て生きてきた。その願いを実現するには、僕自身の家庭を築くことが手っ取り早いことを知っていたから、生意気にも学生のくせして結婚。会費制で仲間たち１６０名を迎えてのガチャガチャ披露宴を行った。夏真っ盛り。会場は、道ばたで咲いていた向日葵《ひまわり》が所狭しと飾られ、ウエディングケーキは友人

手製の小さい小さいものだった。あの白いうさぎと黒いうさぎが森の仲間たちと開いた結婚式そのものだった。残念ながら新婚旅行はない。大学までの鈍行列車に揺られての帰り道は、なんとも風情があった。

しかし、この結婚に至るまでの道のりだって、決して順風満帆だったわけではない。医学部に入ったものの、まだ海のものとも山のものともわからない学生の分際で、何が結婚だという批判は、親族を中心に大きく渦巻いていた。それにもかかわらず、結婚の決断に至ったのはなぜか。東京の障害児施設で保母として働く彼女とのやりとりは、当時は電話と手紙に限られる。耳元で快く響く声も、受話器を置いた途端、その距離感を急激に感じさせる。手紙も同様だ。相手からのメッセージが2日後に届くというもどかしさに耐えられなかった。「こんな不自然な生活は、もう嫌だ」と本当に思った。「ＬＯＶＥ」の文字をくり抜いたクッキーが、バレンタインデーに届けられて心が吹っ切れた。「田舎育ちで、純粋過ぎる彼女を守ってやれるのは僕しかいない！」。未婚期のセックスにためらいプラトニックラブを志向するという古い体質の僕にとっては、正々堂々とセックスをするには結婚しかなかった。殺伐とした全寮生活、そこで大量に製造される食事にも辟易《へきえき》していた。結局あれやこれやが結婚への引き金となったといえる。

「結婚したい」と伝えたときの母親の戸惑いの姿を今も忘れない。働き蜂となって、6人の子どもたちを育てることに専念していた母には、自己主張する習慣もなく、ただ「そうかい」とうなずくだけだった。そんなこともあってか、僕の結婚に批判的だった兄弟の何人かは、結婚式にも参加しないという事態さえ起こった。これも試練だ。しかしこのような外的な試練が、「近い将来には、きっと僕たちの結婚を認めさせちゃうぞ」という共通の目標を作らせ、二人の絆を一層強めることにもなった。

二人で学び、二人で働いた学生結婚

学生結婚に憧れていたわけではない。学業と結婚生活との両立は決してたやすいことではないことを十分知っていたつもりだ。幸いにも、高校を卒業して以来、経済的な援助を親から期待で

きなかった僕の場合、否応なく自活することを余儀なくされていた。新聞配達、セールスマン、夜警など、浪人生活での受験勉強の合間にやれるさまざまな仕事をした。体力と働く気力さえあれば、生きることは難しいことではないことを肌で感じとっていた僕は、一人で生きることも、二人で生きることも一緒だという楽観的な見方をしていた。妻が稼ぎ、僕が学ぶという居候的な生活ではなく、二人で働き、二人で学ぶを貫き通した。独身時代の生温《なまぬる》い家庭教師のアルバイトに見切りをつけて、学習塾を経営し、保母である妻の稼ぎと合わせて生計をまかなった。

結婚の当然の結果として子どもが生まれたが、慌てることはなかった。「どうにかなるさ」という捨てばちな気持ちもなかった。「産めば何とかなるさ」では子どもは産めない。産むことは育てることであり、育てることは共に生き抜くことだ。幸いにも、子ども好きなおばさんに出会い、昼間の育児を任せることができた。母親と見間違うほどに献身的だったそのおばさんのおかげで、子どもはスクスクと育っていった。

周囲の人たちのやさしさに助けられながら

学生にもかかわらず、僕たちは庭付きの一軒家を住まいとしていた。もちろん、初めからそうだったわけではない。隣の家の雑音だって聞こえてしまうようなボロアパートから、あれよあれよという間の一軒家だ。隣近所の人たちを巻き込んでの「自分たちで健康を守る会」の結成がきっかけだった。アパートの家主を会長に仕立てての「健康を守る会」はことのほか順調に進んだ。日曜日になると、医師を招いての検診やら講演会やらが開かれたこともあって、近隣の人たちの健康への関心は日増しに高まっていった。僕の小さなアパートの一室を使っての活動では困難を極めたことを察してか、家主から大一軒家を提供されるという好運を手にしたのだ。目が覚めると庭に取り立ての野菜が置かれているのを見つけ、人のやさしさに触れた。「自分のできることを、やれるときに、人のためにやれ。代償を求めるのではなく」を信条としていた僕には、なんとも恵まれた体験となった。近くで脳卒中の患者が発生したときに、学生である僕を真っ先に頼り、僕の手で救急車を呼び、病院に運び込んだという経験もしたが、今でも忘れ得ぬ思い出の一つだ。数十万円の記載のある貯金通帳を渡されたときにも感動した。卒業式を間近に控えてのことだ

♥♥♥ エピローグ ♥♥♥

った。医師国家試験の勉強に専念しなければならない最後の闘い。仕事との両立にも無理が出てきた頃だ。「出世払いでいいから、これを使って」と差し出された通帳と印鑑。自分たちは自分たちだけで生きているのではない。人々の愛とやさしさによって生かされているのだということを嫌というほどに教えられた。「人の好意に喜んで甘えることのできる人が、人の悲しいときに手を差し伸べられる人になる」というのも僕の好きな言葉の一つだ。

僕の卒業式の日。生まれたばかりの二男を背負い、長男の手を引いて妻は出席した。3年半にも及んだ学生結婚の卒業式でもある。既に2歳になっていた長男は、僕の名前が呼ばれて卒業証書が渡されるその時、「おとうさん！」と僕を呼んだ。

あれから既に50年近くの月日が流れた。母子家庭として戦い続けた母はとうの昔にこの世を去った。僕は間もなく古希《こき》（70歳の誕生日）を迎え、5人の子ども達も皆、自ら切り開いた人生を歩んでいる。何やかやと口答えしたり、反発されたりした日々が戻ることはなく、懐かしさだけが心に残っている。子どもたちの結婚相手も香港国籍の女性、ネパール国籍の男性と国際色豊かだ。お陰で、家族が集まると数カ国の言葉が飛び交う始末。でも、同じ地球に生を受けた者同士がわかりあえないことはなく、和気あいあいとした日常が過ぎている。孫も、一人が満期死産ではあったが、十人になった。

僕の子ども達は、平成4年（１９９２年）初版の『ティーンズ・ボディーブック』を読んで育ったが、今回の新版『ティーンズ・ボディーブック』は僕の孫へと読者が変わろうとしている。時代が流れても、不思議なことに子ども達の性の悩みは一向に変わる気配がない。インターネットはこれでもかこれでもかと性情報を発信し、時には子ども達を混乱させているが、それでもアナログな電話相談を求める子ども達は後を絶たない。地球の今を生きる僕たちがそうであるように、この世に生を受けた人間は有史以来現代と何ら変わらない性の悩みを抱えて一生もがき続けていくのだ。

だからこそ、不死鳥のごとく復刊、改訂された『ティーンズ・ボディーブック』が、僕の孫たちの、あるいはこの本を手にする君たちの悩みを解決するバイブルとして末永く利用されることを期待して「卒業式」のはなむけの言葉としたい。

あとがき

　間もなく古希を迎える僕にとって忘れられない出来事がいくつかある。そのひとつが『ティーンズ・ボディーブック』だ。今まで多数の著書を世に出してきたが、僕の処女作に近いこの著書への思い入れは尋常ではない。ここ40年近く指導者を対象としたセミナー開催のために全国を駆けめぐっているが、会場で「子どもの頃、母から『ティーンズ・ボディーブック』を贈られたことがきっかけで看護の道に進み、挙げ句は養護教諭（筆者注：保健室の先生）になりました」と声を掛けられたことは2人、3人などという少数ではない。1冊の本が読者の職業選択どころか人生に大きな影響を及ぼしていることを目の当たりにして、胸が熱くなることがしばしばだ。

　多数のイラストでこの本を彩ってくれている漫画家・伊藤理佐さんも売れっ子になった。当時を振り返ればよくもまあ、これだけの数のイラストを描けたものだと驚くしかない。僕からのたっての願いを快く聞き入れていただき、新装改訂版『ティーンズ・ボディーブック』（２０１３年）の表紙を飾ってもらうことになった。子育て、多忙な本業の合間をぬっての作業はさぞかし大変だったに違いないと恐縮している。

　それにしても、この『ティーンズ・ボディーブック』は不死鳥のようによみがえる歴史を刻んでいることをご存じだろうか。平成4年（１９９２年）に鎌倉書房のジュニー編集部から初版が発行された。オトナの世界の事情もあってこれがお蔵入りすると、平成9年（１９９７年）には扶桑社が引き継いでくれた。しかし、しばらくすると雲行きが怪しくなり、間もなく絶版が宣告された。僕は大切な子どもを引き裂かれるような絶望の淵に追いやられたが、ご存じのように、中央公論新社からの復刊が叶い、しかも、その後も読者が増え続けていることから今回、新版が出され、電子化もされることになった。

　僕の思い入れが如何に凄いかがご理解いただけるだろうか。インターネットに押されての活字離れ。そんな中、生まれては消える書籍が数え切れないほどにある今日。僕の情熱にほだされてか願いを聞き入れてくれた出版社には感謝の言葉もない。その陰には、ジュニー編集部以来、この本に関わってこられた大田由紀江さん、資料集めなどに尽力いただいたクリニック・スタッフの一人、杉村由香理さんの役割も軽視できない。また、中央公論新社・婦人公論編集部の川口由貴さんの情熱が復刊、その後の改訂版に漕ぎ着ける力になったことも申し添えたい。大袈裟な言い方であることを承知で、言葉に尽くせない感謝をこの本をこよなく愛してくれているすべての人に伝えたい。「ありがとう」。

　それから、この本を手にしてくれた君へ。ありったけの思いを言葉にして、編集部に感想を寄せて欲しい。悔いのない10代を過ごすんだよ。いい人生となるように願っているよ。

２０２０年12月10日

著者　北村　邦夫

あとがき

悩んでいるみなさんが全員
この本に出会えます
ように。

40歳前、
妊娠したい時
これ、
読みかえしたよ

うまれたよ

ムスメにも
よませたい
です。

伊藤理佐

北村邦夫（きたむら くにお）

1951年2月23日生まれ。群馬県出身。うお座。O型。自治医科大学医学部卒。群馬大学医学部産科婦人科学教室入局。1988年より日本家族計画協会クリニック所長。日本思春期学会副理事長、内閣府男女共同参画会議専門調査会委員などを歴任。2007年度ヘルシー・ソサエティ賞受賞。常に女性の立場に立って「性」を語り、私たちを勇気づけてくれる。著書に『セックス嫌いな若者たち』、『女の子、はじめます。』、『北村さんちのオトコの文通』（共著）など

イラスト●**伊藤理佐**（いとう りさ）

1969年9月6日生まれ。長野県出身。おとめ座。O型。漫画家。県立諏訪二葉高校３年生の時『お父さんの休日』で鮮烈デビュー。キレのいいギャグとH系ツッコミの中にジーンとハートをくすぐるストーリーで人気を博し、代表作『おるちゅばんエビちゅ』はアニメ化。『女いっぴき猫ふたり』『おいピータン!!』『おんなの窓』などで第10回手塚治虫文化賞短編賞を受賞。くいしん坊＆酒豪として業界では有名。漫画家・吉田戦車氏と再婚を果たし一女の母に

本文レイアウト● 鈴木晴美
編集● 大田由紀江

ティーンズ・ボディーブック　新版

2021年 2 月25日　初版発行

著　者　北《きた》 村《むら》 邦《くに》 夫《お》
発行者　松 田 陽 三
発行所　中央公論新社
〒100-8152 東京都千代田区大手町 1-7-1
電話　販売 03-5299-1730　編集 03-5299-1740
URL http://www.chuko.co.jp/

ＤＴＰ　ハンズ・ミケ
印刷・製本　大日本印刷

Published by CHUOKORON-SHINSHA,INC.
Printed in Japan ISBN 978-4-12-005400-6 C0095